揺らいでも、不安でも、波動を上げれば大丈夫

碇のりこ
Ikari Noriko

日本文芸社

はじめに

きっと、あなたも感じているはずです。

今、変化のスピードがとても速い時代を生きていることを。


時代の潮流やコロナ禍といった、社会的な変化に加え、スピリチュアルの世界では次元上昇が起こりつつあると言われています。

いわば誰も経験したことのない変革期の真っ最中。

国や組織といった大きなレベルから、私たち一人ひとりの個人のレベルまで、さまざまなことが絶え間なく揺らいでいるのです。


感性が豊かで敏感な人ほど、いつもと同じ日常を過

ごしながら、

「このままでいいの？」

「何かが違う……」

と、今まで以上に違和感や不安、戸惑いを感じていらっしゃるはずです。


「この先どうなっちゃうんだろう？　心細いな」

「もっと私らしい仕事がしたい。働き方も変えたい」

「パートナーがいなくても案外、大丈夫かも。そもそも結婚って私に必要？」

「本当に大切にしたい人間関係って？　思い切って本音を伝えようかな」

「最近、何か新しいことを始めるタイミングな気がする……！」

もし今そんなふうに揺らいでいるとしたら、どうか

その感覚を大切にしてくださいね。決して「自分には何かが足りない」「何か問題があるのかも」なんて、落ち込む必要はありません。


心のざわめきは、人生のターニングポイントに来たというサイン！

私たちには、自分が思っている以上に人生を変えていく力があるのです。

無意識かもしれませんが、この本を手に取ったということ自体、運命を動かしていく準備ができているという証なんだと思います。


そして、そのカギを握っているのが **波動** です。


波動は私たちにとって、とても身近なものです。

人間、動物、モノ、場所など、あらゆるものに波動があります。良い・悪いということではなく、高いか低いか、そして強いか弱いか。

私たちは毎日、周囲の人やモノが放っている波動の影響を受けながら、私たち自身もまた波動を出し続けているのです。

生きている人間のなかで、最も高い波動を放っているのは赤ちゃんです。

みなさんも、赤ちゃんのころは最高に高い波動を放っていたんですよ。

ただ成長するなかで、ネガティブを覚え、自然に波動は下がっていきます。

波動が下がっていると、

「自分がどうしたいのかわからない」

「何もかもうまくいかない」

「言いたいことが言えない」

「どうせ理想の自分にはなれない」

そんな自信のない自分に変わってしまい、不安や迷いを引き寄せる状況に陥ってしまいます。

でも、心配いりません。

波動が低くなるのは自然なこととも言えます。
というのも、波動はちょっとした言動やきっかけによって、上がったり下がったりを繰り返しているから。

実は、私も「波動が低くて、低くてどうしようもない！」という状態が続いた時期があります。
恋愛がうまくいかなくて落ち込んだり、それまで追いかけていた夢を失い、自分探しをしたりしていたときでした。心の穴を埋めるためにパチンコ漬けの日々を送ったことも……。

その経験から、

「自分の波動を高めることで不安定さや停滞感から抜け出し、人生をとことん楽しむ♡にはどうすればいいか」

ということに意識を向けるようになったのです。

Prologue

本書は私自身の経験と、スピリチュアルセラピストとして多くの方の声に耳を傾けることで気づくことができた、波動を上げる方法について詳しくお伝えしていく一冊です。

波動を理解し、上がる・下がるポイントさえわかれば大丈夫。波動をコントロールし、波動が高い状態で日々を過ごすことができます。

それは、揺らぐ自分、不安になる自分、自信のない自分でいる時間を減らしていけるということ。ずっとラクに生きられるようになり、人生をより素晴らしいものに変えていけるはずです。

変化する世の中や誰かの態度、自分の感情などに振り回される人生は今日で終わり！　波動を高め続けることで、

毎日を楽しい、うれしい、愛しいで満たしていきましょう。

碇　のりこ

Contents

Chapter3

波動が上がらないあなたはひょっとしてネガティブLOVE？

Chapter4
人間関係は波動次第　もっと豊かで楽しくなる♡

読者限定動画！「波動を上げる9つの方法」

以下のQRコードを読み取って動画にアクセス！
波動についてまだまだお伝えしたいこと、
パワースポット映像をお届けします！

※端末や通信環境によっては、ご利用いただけない場合や別途通信料金がかかる場合があります。
本サービスは予告なく変更することがあります。あらかじめご了承ください。

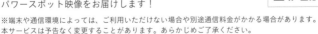

Chapter 1

願いが面白いほど どんどん叶う 波動の法則

私たちは出会った瞬間から波動を感じ合っている！

ひと目会ったときにパッと気持ちが明るくなる人、ホッとする人、少し警戒してしまう人、心配になってしまう人。

人の第一印象は数秒で決まると言われますが、あなたの波動は、あなたの第一印象を決め、あなたの波動と同じものを引き寄せる要素のひとつです。

なぜならば、**誰かと会っているとき、仕事をしているとき、自宅のベッドで眠っているとき……どんなときでも、あなたは波動を出し続けている**から。

そして、同時に周囲の波動も感じています。

「波動を出してるって言われても、目に見えないし、実感ない！」

素直にそう思うかもしれませんね。

でも波動は、見えなくても感じることができます。

あなたにも、こんな経験がありませんか？

・電車でたまたま隣に座った人から、ピリピリとした緊張感が伝わり、落ち着かない気分になったこと

・どんなに落ち込んでいても、ある人に会ったことで、何でもできるような明るく前向きな気持ちになれたこと

・会社の会議室に入った瞬間から重い空気を感じ、息苦しく感じたこと

・引っ越し先の物件を探している際、その部屋から何となく嫌な感じ・良い感じを受け取ったこと

そのとき、心のなかには、単純な「好き・嫌い」や「楽しい・つまらない」といった言葉では割り切れない、何とも言えないエネルギーが充満しているはず。その受け取ったエネルギーこそが、波動なのです。

「あなたの周りにどんな人・モノ・コトがあるか」＝「自分がどんな波動を発しているか」。まずは、あなたの波動について知ることから始めましょう。

気持ちが揺らげば、波動も揺らぐ

自分自身の波動の状態を知る方法は、とっても簡単です。
波動は感情と連動しているため、目安となるのは自分の感情（心の状態）。
今すぐ、あなたの心の声に耳を傾けてみてください。

波動が高いときの心の特徴は、
・自分の好きなことや、やりたいことがはっきりしている
・何でもできそうな気がするし、何にでも挑戦してみたい！
・人生に対する恐れや不安よりも、ワクワク感のほうが大きい　など。
反対に、波動が低いときの心の特徴は、

・自分の好きなことや、やりたいことがわからない
・生きる目的や夢がなく、そのことで落ち込みがち
・人生に対し、いつも何かしらの恐れや不安を抱いている　など。
より詳しく知りたい人は、30ページの「自分の波動を知るワーク」でぜひチェックしてみてくださいね。


波動は高い状態で安定していることが理想的です。

でも、**誰でもトラブルや困難に遭遇することはありますし、それによって波動も感情も浮き沈みを繰り返します**。

「だったら困ったり傷ついたりしないよう、はじめから省エネモードで生きればいいんじゃない？」という考え方もありますが、波動を高め続けるためには多くの経験を積んでいくことが大事。安全な世界に引きこもるのはおすすめできません。

大切なのは困難な状況を避けることではなく、波動が下がっても、自分ですぐに上げられるようにすること。その方法をぜひ本書で知ってくださいね。

波動に対する「感度」は人それぞれ
敏感なあなたはラッキー！

ここでは、波動そのものについて、お伝えしていきたいと思います。

突然ですが、私たちの体は何でできていると思いますか？

筋肉や骨、血液など、さまざまなものから成り立っていますよね。

では、それらを分解していくと何になるでしょうか。筋肉も骨も、すべてのものは原子になり、さらに分解していくと最終的には「素粒子」になります。

人の体だけではなく、地球上のすべてのモノや空間は素粒子から成り立っているのです。そして、素粒子は常に揺れ動いています。

この素粒子が振動する動きを「波動」と呼びます。


高い波動は細かく、繊細な動きをし、とてもなめらかなエネルギーを発して

います。一方で低い波動は激しく、荒々しい動きをし、トゲトゲした居心地の悪いエネルギーを発しています。低い波動のほうがエネルギーが激しく強力な分、周囲に与える影響も大きくなります。

たとえば、オフィスや電車でイライラしている人の存在に何となく気づいてしまうのは、その人が発している波動を感知しているから。また同じ状況にいても、気づく人と気づかない人がいるのは、波動に対する感度が違うからです。「今日の部長、機嫌が悪そうだね」と言ってもピンとこない同僚なら、その人は波動に対して鈍感な可能性があります。

ここで重要なのは、波動に対して敏感でも鈍感でも、常に誰でも波動の影響を受けるということ。高い波動なら「うれしい♡」でOKですが、低い波動の悪影響はできれば避けたいですよね。だから、波動に対しては敏感であることが望ましいのです。

「いつも周囲の人のイライラを感じ取ってしまう」という人は「波動に敏感なタイプなんだな！」と思って、その感覚を大切にしてくださいね。

赤ちゃんが人を笑顔にするのは「かわいいから」だけじゃない

「はじめに」でも触れましたが、人間のなかで最も波動が高いのは、生まれたばかりの赤ちゃんです。

赤ちゃんを見ていると、自然と笑顔になり、やさしい気持ちになりませんか？　信号待ちで一緒になったり、道ですれ違ったりと、偶然出会った見ず知らずの赤ちゃんであっても、多くの人が笑顔になってしまうのは、考えてみたら不思議なことですよね。

「かわいいから」というのは大きな理由のひとつでしょうが、それだけではありません。**見ているだけで心地良く、幸せな気持ちになれるのは、赤ちゃんが放つ高い波動の影響を受けているからです**。まだこの世界のネガティブな面を知らず、負の感情を抱くこともない赤ちゃんは、生きるためだけに生きている、**とてもピュアでクリアな魂の持ち主なのです**。

しかし、誰もがずっとピュアなまま大人になることは、ほぼありません。

「お母さんはいつも忙しそうで、私のことはどうだっていいんだ」

「周りの子より勉強ができない私は、人より劣っているのかも……」

「もっとかわいく生まれていれば、みんなから愛されて幸せなはずなのに」

など、成長していくにつれ、何かしらの悲しみや不安を感じたり、挫折といった経験をしながら、次第にネガティブな感情を覚えていきます。もし「小さいころは幸せだったなぁ」という強い思いがある人は、純粋な自分で生きていられたからかもしれません。

ただ、経験を通して不安や悲しみや恐怖を学べるからこそ、賢明な判断ができるようになりますし、より良い方向に人生の選択ができるようになります。

今の私たちの波動が赤ちゃんと同じように高くないのは、それだけ多くの経験を積み重ねたという立派な証なんですよ。

私たちは魂の経験値を上げる旅の途中

赤ちゃんが天使のようにポジティブで高い波動を放っている理由は、ネガティブを知らないからだけではありません。

そもそも、「魂の世界」から来たばかりの存在だからです。

私たちは魂の世界から、肉体を借りて一時的に地球上で生きている存在です。そして命が燃え尽きたあとは、もとの魂の世界に戻っていくと言われています。

「死んだらどこへ行くの？」という問いは、科学ではまだ解明されていない謎ですが、スピリチュアルの世界では魂の世界に還ると言われています。

しばらく魂の世界で休息し、必要な人はまたこの世界にやってきます。そうして私たちはすでに、数え切れないほど輪廻転生を経験しているのです。

たまに尊敬できる考えや才能の持ち主に対し、冗談交じりに「魂レベルが高い！」などと言ったりしませんか？

実はこれ、的を射た表現なんです。生まれ変わりを繰り返すほど、魂の学びは多くなり、その分、レベルも上がっていきます。

反対に生まれ変わりの回数が少ない魂は、まだ経験値が少なく、人生から得た学びも必然的に少なくなります。

自分が今、何回生まれ変わりを繰り返していて、どのくらいの魂レベルかを知ることは残念ながらできません。でも、波動を上げることで魂レベルを上げることは、誰にでもできます。

波動と魂は対の存在です。つまり高い波動は、魂を生まれたばかりに近い、ピュアでクリアな状態にしてくれるのです。誰かと自分を比べるよりも、私たちはただ、自分の波動をしっかり高めていくことに集中すればいいのです！

ネガティブなことさえ
実は楽しんでいる

お話ししたように、私たちはもともと「魂の生き物」。あなたも魂の世界から地球へ生まれ、また魂の世界へ還っていく循環のなかにいます。

魂の世界は、ひと言で言えば全知全能の世界。何でも知ることができるし、何でも手に入れられます。

「そんなにすごい場所があるの？」となんだか羨ましくなりますよね。

欲しいものは思い浮かべた瞬間に手に入りますし、行きたい場所にも瞬時に移動でき、知りたいと思ったことは意識のなかですべて理解できてしまいます。

魂の世界には不思議なこと、未知なことなどありません。

ではなぜ、私たちはそんな全知全能の魂の世界から、あえてこの世界に生まれてきたのか？　それはすべてを学び、経験し、魂を向上させるためです。

うれしいことや楽しいことはもちろん、ネガティブなことも含めて、私たちはすべてを楽しむためにこの地球にやってきました。

特にネガティブな感情は、魂の世界では一切経験することのできない、地球上で生きている間の特権だと思うのです。

もしネガティブがなく、毎日何でも叶えられる世界だったらどうでしょうか？　私たちはつまらなくなるんです。映画やドラマでも、主人公が何の努力も苦労もしない、順風満帆なストーリーはつまらないですよね。実はこの地球上で体験できるネガティブは、何でも叶う魂の世界では味わえない「楽しいこと」でもあるんです。

波動が高いときには、「新しいことに挑戦してみたい」「いろいろな人との出会いを楽しみたい」など、行動的になるので、自然と経験値も上がっていきます。失敗や苦い経験をすることもありますが、それも含めて人生を楽しむなかで、波動と魂レベルを上げていくことができるのです。

地球は行動の星
あなたが動くことで願いが叶う!

現代は「マウスイヤー」と言って変化がとても速い時代です。人間の7倍のスピードで進むと考えられていた「ドッグイヤー」から移行し、さらに速い18倍のスピードで進化していくと考えられています。

18倍と言われてもなかなかピンとこないと思いますが、スマホや家電といったテクノロジーの進化はすべての人が実感できると思います。そうした技術のスピードと連動するように、時代の流れもどんどん速くなっています。

そして、このスピードは今後もゆるむことはありません。

猛スピードで進む時代のなかで、楽しさと苦しさ、豊かさと貧しさといった二極化が激しくなって、あまりの違いに、まるで別の世界を生きているかのように感じるかもしれませんね。

「なんて大変な世の中なの……」と、スピードや時代の変化についていくのが億劫だと感じる人もいらっしゃるでしょう。私も日々、勉強中です。

でも、いいことだってあるんですよ。

高い波動を保つことができれば、時代の変化を敏感にキャッチできるようになり、時代のスピードに乗って願いが叶う速度も速くなるのです。

✦引き寄せではなく、引き起こす♡

願いを叶えると言えば、スピリチュアルブームの先駆けとして話題となり、今では一般的になりつつある「引き寄せの法則」がありますよね。

でもこれ、正確には「引き起こす」が正解です。

「引き寄せ」は自分が何も行動しなくても、願うだけで、どこからともなく欲しいものがポンポン飛んでくるようなイメージ。言うなれば魂の世界にいる状態です。でも地球は行動の星です。自ら進んで動かないと何も起こりません。

もし願うだけで、本当に何でも引き寄せられるのだとしたら、不老不死だって叶ってもいいはずですよね。でも、そうならないのは、不老不死を叶えるための行動をできる人がいないからです。

だから、何かを「引き寄せたい！」と思ったら、何よりもまず、具体的に行動を起こすことが大事。

繰り返しますが、**地球は「行動の星」です。動くことで、はじめて人生も願いも動き始めます。**

そこで欠かせないのが、波動です。

波動が高まると、好奇心も行動力もアップ。心で願ったことを実際に引き起こすまでの時間がどんどん短くなり、次々に現実化していきます。

高い波動のときは魂の世界にいる状態に近いので、思い通りに人生を動かすことが可能になるのです。

自分の波動が上がっているとき、身の回りでそのサインを受け取ることができます。シンクロニシティは、わかりやすい例です。

「ふと時計を見たら11時11分を指していた」

「あの人に会いたいと思っていたら、突然メールが届いた」

「欲しいと思っていたものを、たまたまプレゼントでもらった」

どれも「単なる偶然じゃない？」と思うこともできますが、意識していると「偶然」の多さに気づくはずです。

でも驚くことはありません。**高い波動を保つことができれば、誰にでも偶然を必然にして、願いをどんどん叶えていくことができるのです。**

さあ、あなたの波動はどうですか？

Work 1

自分の波動を知るワーク

次の項目のなかから、自分に当てはまるものを
チェックしましょう。チェックが最も多いタイプが、
今のあなたの波動に近いものになります。

Ⓐタイプ

- □ 気分の浮き沈みが激しく、自分でも疲れてしまうことが多い。
- □ 自分の親も感情の起伏が激しく、子どものころは親が何を考えているのかわからず、不安になることがあった。
- □ 小さなことでも良いことがあれば、人生が薔薇色に感じられる。
- □ 自分は誰よりも運が良い、恵まれていると感じることが多々ある。
- □ パートナーや友達と意見が合わなかっただけで、激しく落ち込む。
- □ パートナーや友達から裏切られるのではないかと不安になることがある。
- □ 少し注意や悪口を言われただけで、自分を全否定された気持ちになる。
- □ SNSで友達のちょっとした豪華な写真を見ると、激しい嫉妬心に駆られる。

□ 現状に満足していないし、もっと幸せになれると思う。

Ⓑタイプ

□ 子どものころ、親に厳しくしつけられたり、しょっちゅう怒られたりした。

□ 今でも親に心配されているし、何かにつけて否定的なことを言われる。

□ 常に周囲の顔色をうかがってしまう。

□ 人から言われたことをいつまでもクヨクヨと気にしてしまう。

□ 人と意見が食い違ったら、必ず譲るし自己主張はしない。

□ 人生の目的がなく、そんな自分には生きている価値がないと感じてしまう。

□ 一度落ち込むと、その状態にずっと陥るし、抜け出したくないとすら感じる。

□ 自分の意見など、誰も気にしていないと感じることがある。

□ とにかく目立たず、リスクのない平穏な人生を歩みたい。

Ⓒタイプ

□ 周りの人が自分のことをどう思っているか、とても気になる。

□ 常にSNSで誰かとつながっていたい。

□ 1日3回以上、SNSに自分のことをアップする。

□ 買い物やどこかへ行く際は必ず誰かと一緒。

□ 良いことも悪いことも、すべて誰かに話さないと気が済まない。

□ 嫌なことを言われたりされたりしたら、必ずやり返すし、それが正義だ。

□ 自分が正しいと思ったことは相手にも理解してほしい。

□ 人の心配をあれこれと考えている時間が多いし、アドバイスをしたくなる。

□ 自分には特別な何かがあると思うし、それをみんなにも理解してもらいたい。

Ⓓタイプ

□ 人に何かを言われても「私は私」と思えるので気にならない。

□パートナーや友達の意見が自分の意見と食い違っても尊重できる。

□ 必ずしも自分が正しいとは思わない。
□ 家族やパートナー、友達を信頼しているし、愛情を感じる。
□ 自分の仕事が好きだし、心から楽しめている。
□ 興味を持ったことには、とりあえず挑戦してみたい。
□ トレンドやブームは気に入れば取り入れるが、そうでなければスルーする。
□ 友達が薦めるものでも、自分が良いと思わなければ必要ないと感じる。
□ 欲しいもの、行きたいところが直感的にわかる。

Aが一番多かったあなた

乱気流のように不安定、ジェットコースタータイプ

常に波動が激しく波打っています。波動が高いときには絶好調！　ただし、ちょっとでもイヤなことやうまくいかないことがあると急降下。「自分軸」を持つことで波動に振り回されない生き方を見つけましょう。→詳しくはP.36へ

Bが一番多かったあなた

低め安定、自己否定タイプ

とにかく物事をネガティブに捉えがちです。でも、そうなったのはあなた自身のせいではありません。

幼少期の環境やトラウマなどが原因の可能性もあります。自分のなかにあるネガティブな「思いグセ」を手放すことで、波動が上がりやすい思考に切り替えましょう。→詳しくはP.74へ

Cが一番多かったあなた

高め不安定、承認欲求全開タイプ

とりわけ20代〜30代の若い人に多いのがこのタイプ。SNSの普及などにより、周囲の視線や動向が気になって自分を見失いがちです。まずは自分の「好き」を見つけることから始めましょう。→詳しくはP.38へ

Dが一番多かったあなた

高め安定、自己肯定タイプ

高い波動を最も保てているタイプです。より大きな目標を持つことで、魂レベルをアップさせていきましょう。日常生活のちょっとしたことを意識することで、波動の安定性も増していきます。→詳しくはP.128へ

Chapter 2

これさえ知って いれば大丈夫！ 実践・波動アップ法

「自分軸」を持った人から波動はどんどん上がっていく！

これから波動を上げていくあなたに最初に伝えておきたいこと、それは「自分軸」を大切にすることです。自分軸がなければ、素敵な経験を重ねても、波動の高い人と付き合っても、パワースポットに行っても、一時的に波動は上がりますが、すぐに元の自分に戻ってしまいます。

波動をどんどん上げていくために、最も効果的で持続性のある方法は、自分軸を持つこと、意識することだと、ぜひ覚えておいてくださいね。

今はとても自由で、選択肢がたくさんある時代です。自分の意志や目標次第で、人間関係や仕事、住む場所だって選ぶことができますよね。

でも、だからこそその苦しさもあると私は感じています。

「今の仕事に違和感があるけど、だからといって何がしたいかはわからない」

「婚活をがんばっても、この人！という直感を持てる相手がいない」

モヤモヤと迷ってしまうのは、選択肢がたくさんあるからこそ。メリット・デメリットを思い浮かべながら「ああでもない、こうでもない」と考えたり、「あなたのため」という周囲の声に揺らいだりして悩むわけですよね。

たとえば「私は今、こんなことにチャレンジしたい！」「私はあの人と一緒にいる幸せな時間を大切にしたい！」「私はこんな場所で、こんな家に住みたい！」。

こうした、**自分を動かすための「軸」があれば、波動も高まり、人生はどんどん豊かで楽しいものになります**。反対に、軸がグラついていると、振り回されて何も選べず、本当に得たい経験ができないまま、波動の低い人生を送ってしまいます。

自分の軸はどこにあるのか？ 常に意識してみてください。

友達や家族に聞いても見つからない、自分自身にしか見つけられないものだからこそ、波動を左右するのです。

自分軸の基本は自分の気持ち
心を「好き！」で満たそう

「どうすれば自分軸が見つかりますか？」「自分軸がわかりません」という人は、「自分軸＝自分の『好き』を知ること」と捉えてみてください。

自分の「軸」は自分を知ることで、必ず見えてきます。

そして、**自分を知るためのカギとなるのが、あなた自身のなかにある「好き」という気持ち**です。

波動は、常に自分の感情と連動するもの。だからこそ、自分の心の状態を把握していることが、波動のコントロールに大きくかかわってくるのです。

私は何をするにも、何を選ぶにも、まず「自分が好きかどうか？」を、しっかり確認しています。

好きな人といるとき、好きな仕事や趣味に没頭しているとき、私たちの心はとてもワクワクして、幸せに満ちあふれていますよね。**自分の「好き」を追求しているときは、誰でも波動を上げることができる、最高の時間なのです。**

でも、なかには「好きという気持ちがわいてこない……」という人もいるでしょう。

・いつも恋人や友達の気持ちを優先している
・「やりたくない」と思いながら、我慢し続けていることがある
・自分よりも家事や育児など家族のことに追われている

こういった人たちは、自分の「好き」という心が迷子になりやすいはずです。自分の気持ちにふたをして、誰かのために生きることがデフォルトになっているのです。心優しい繊細な人たちに多いでしょう。でも、大丈夫ですよ。

✦波動を上げる「好き探し」から始めましょう

自分の「好き」という気持ちをよみがえらせるために、まずは雑誌やSNSで、自分が「いいな」と思ったものをランダムに集めてみましょう。インテリアやファッションなど、ジャンルは何でもOK。

「おしゃれなカフェやスイーツの写真を見ていると癒される♡」
「このモデルさん素敵！　こんな髪型やファッションをマネしてみたいな」
「グリーンに囲まれた、こんな場所に住んでみたい♪」

など、雑誌の切り抜きをスクラップブックに貼るのも良いですし、スマホで撮影した画像をアプリなどに保存するのも便利です。

そうやって集めた切り抜きや画像を見ているうちに、自分の傾向が見えてくるはずです。

「ずっと事務職を続けてきたけど、ひょっとしたら接客が向いているかも」
「周囲に合わせてコンサバな服を選んでいたけど、本当はカジュアルファッシ

ヨンが好きみたい」

「自分では都会派だと思っていたけど、実は田舎暮らしに憧れているのかも」

と、**思い込んでいた自分らしさから離れて、新しい自分に出会えます。**

切り抜きや画像を選ぶポイントは、純粋に「見ていてワクワクするか、ときめくかどうか」です。

「今年の流行だから」「彼が好きそうなファッションだから」といった他人目線の意見は一旦、脇に置いておいて、自分の心のなかにある「好き」という声に耳を澄ませましょう。

「好き」の迷子という人はリラックス♡を補充

「雑誌やスマホを見ていても、特に心惹かれるものがない」

「『好き』という感覚が全然わいてこない」

という相談、実はとってもよく受けます。

誰かを優先して生きている人と同様に、思考を優先しすぎて物事を合理的に考えすぎる人も、そうした傾向が強いように感じます。

自分がどうしたいのか、何が好きかということより、

「フリーランスとして独立したいけど、家族が心配するから正社員でいよう」

「モード系メイクがしたいけど、気が強そうって思われるからやめておこう」

「彼には気になるところがあるけど、スペック高いし結婚にはいいよね」

など、いつも賢明な判断をしようと頭をフル回転し、知らない間に感性が鈍ってしまっているのです。

もちろん、考えることは大切ですが、普段から心の声を無視し続けていると、「好き」という感覚を見失ってしまいます。

「これって正しい？」「これをやらなければいけない」など、正しさを気にしたり「ねばならない」という意識になったりすると心を無視することで波動が下がり、さらに自信がなくなっていくという負のループに陥っていくのです。

そんな場合は、瞑想がおすすめ。目を閉じ、呼吸を整え、頭のなかを空っぽにします。体はもちろん、頭もリラックスさせることで、いつもは見ようとしていない自分の心を見つめましょう。夜、ベッドに入ったときや朝起きた瞬間、電車に座っているときなど1、2分でも効果を感じられます。

思考を優先している人ほど、最初は「うまくできない」と言います。でも難しく考えず、雑念が入ってきても大丈夫。目を閉じて呼吸に意識を向けてください。不安定だった波動が少しずつ落ち着き、高まっていくのを感じられるはずですよ。

「自分探し」は今すぐやめて「ワクワク探し」に変えましょう

「あれ？　自分を知ることが自分探しなのでは？」と思ったかもしれませんね。実は、「好きなことを探して自分を知ること」と、「自分探し」はちょっと違います。

「何者かになりたい！」「もっと何かできるはず！」と、自分がどんな人間になれるか考えあぐねている、または何者かになるために、さまざまな情報をインプットしている、そういった時期は誰にでも一度や二度、あるでしょう。今まさに真っ最中！という人もいるかもしれませんね。

でも、頭のなかであれこれと考えているだけでは、残念ながら自分を見つけることはできません。むしろ、**「自分」は探そうと思えば思うほど見つからな**

いものです。

というのも、自分探しをしているときは「自分がわからない」と焦り、「そんな自分はダメな存在だ」と、モヤモヤ、クヨクヨ悩みがちに。結果、負のループにはまって堂々巡りをしてしまうことも。当然、波動も低くなるばかりです。

気をつけたいのは、ネガティブ思考に陥っている状態が、意外と心地良いということです。「こんな自分じゃダメなのに」と自分を責めながら何も行動せずにじっとしている状態は、案外ラクで安全です。感傷的になって、無意識に自分に酔ってしまうこともあるでしょう。酔っているときって、実は気持ちいい状態だったりするのです。

本気で自分を知りたいと思うなら、実際に行動してみるのが一番です。具体的に行動することで、「思っていたのと違った」「案外、面白いかも！」と実感や手応えが生まれ、未来に向けて意識を切り替えることができます。

「自分とは何者か」を考えるよりも、自分が楽しいこと、やりたいことをしているほうが、「自分らしさ」に近づけて波動も高まります。常にワクワクしていられる状態に、自分を導いてください！

心のざわめきは絶対に放置しない 客観的に見つめて浄化

波動を上げるには、まず「自分軸」を持ってワクワクやときめきを優先していくことが大切だとお話ししましたが、あと2つ、お伝えしたい大切なポイントがあります。

ひとつは、**不安や心配、おびえ、怒り、嫉妬など、波動を下げる要因となるネガティブな感情を放置しないこと**。

「同僚に言われたひと言にモヤモヤする……」

「幸せそうな友達の姿に心がザワザワしている」

「家族の態度にイライラする」

そんなふうに感じていても、「まぁいっか」と見て見ぬ振りをしてしまったり、どこかで見ないようにしてしまい、その感じた気持ちを無視してずっと放っておいたりしがちですよね。でも、心のざわめきを放置することは、無意識に自分を苦しめることになります。知らないうちに蓄積して、いつの間にか心のダメージが大きくなることもあるからです。心のざわめきを感じたら、必ず自分と向き合う必要があります。

もうひとつのポイントは、**自分を客観視するクセをつけること**。

自分の感情に夢中になってしまうと、周りが見えなくなるどころか、自分も見失ってしまい、そこから抜け出せなくなって自分軸で判断や選択ができなくなってしまいます。心のネガティブを放置しないためにも、客観的に自分の心を見つめ、向き合うことはとても有効なのです。

3つのポイントで実践カンタン波動アップ法♡

お話ししてきた、「自分軸を持つ」「自分を放置しない」「自分を客観視する」。この3つを実践することで、波動は驚くほど上がっていきます。そのためにおすすめなのが、「感情を紙の上にアウトプット」することです。

心のなかにあるざわめきを、すべて書き出し、視覚化することで、はじめて「自分はこんな気持ちだったんだ」などと気づくことがたくさんあります。

私は以前からずっと「紙に書く」ことを習慣にしていました。最近では頭のなかや心のなかで整理できるようになりましたが、自分としっかり向き合いたいときには必ずノートに書き出すようにしています。

「何かイヤだな」と心がザワザワすることがあったら、すぐに書き出してみましょう。そうすることで、自分の心を放置せず、客観視することができます。それを繰り返すうちに自分を知ることができ、自分軸につながっていくのです。

書き出すためには自分の心と向き合わないといけないため、「心がわからない」「知りたくない」と思っていると波動を高めるのに時間がかかります。なかには「怖くてできない」という人もいますよね。ですが原因がわかるだけでも心は軽くなりますし、具体的に対処することもできます。

まずは「心がわからない」「知りたくない」と思っているのはなぜだろう？」というところから始めてみましょう。もしかしたら「腹黒い自分」「ダメな自分」「イヤな自分」が出てくるのが怖いのかもしれません。まずはどんな自分も「責めない」、そんな自分も「かわいい」と思ってやってみてください。

また書き出してみると「案外、大したことないかも」と思えることも多いものです。人から言われて気にしていたことであれば、「別にこの人にどう思われてもいいじゃん」と思えるなど、**一歩引いたところから客観的に自分を見つめることで、ネガティブな気持ちを浄化できます**。心が切り替われば、あとはポジティブな意識と気持ちで自分を満たしていけばいいだけです。

1秒で波動を上げる、音楽と香りの魔法

とはいえ、波動は感情と一緒に、常に揺らぎがち。今、ネガティブ思考にどっぷりつかっている！という人が、すぐに前向きなことを考えるのは難しいかもしれません。

特に年齢やホルモンのバランスによって体調が崩れやすい女性は、「気分を切り替えなきゃ」と頭ではわかっていても、実行するとなるとなかなか難しいですよね。

私も、波動をコントロールできなくなったことがあります。

ハワイに旅行中、マウイ島のパワースポットを訪れ、未舗装の山道を延々と

3時間、車で走っていたときのことです。景色は代わり映えしないし、ネットもつながらない。おまけに急カーブの連続でひどい車酔いになってしまいました。やっとの思いで到着し、小さなホテルで休憩。一息ついたあと、「また同じ道を辿らないといけないのか……」と、憂鬱な気分になりながら帰りの車に乗り込みました。

そうして1時間半ほど走ったときのことです。なんと、ホテルにスマホを忘れてきたことに気づいたのです。やっとの思いで半分まで戻って来られたのに、その道をまた引き返さないといけないなんて——。

絶望的な気分になっていたそのときです。一緒にいた夫から掛けられた、あるひと言にハッとしました。

「そろそろ気持ちを切り替えたほうがいいよ」

そこで私はようやく気がついたのです。向かうときから全然、気持ちを切り替えられていないという事実に。

私が「こんな道を走りたくない」「ヤダ、ヤダ、ヤダ」と思っているから、その絶望的な気持ちが叶って、また引き返さなければならなくなっていたので

す。潜在意識は「ヤダ」と何回も唱える私の気持ちを「望み」として捉え、叶えてくれたのです。特にネガティブな思いはエネルギーが強いため、ポジティブな思いよりも早く叶います。私はそのことを誰よりも知っていたのに……。

「私自身の望んでいることが叶ったんだ」と気づいてから、何か気持ちを切り替える方法はないかな、と周りを見回してみることに。すると夫のスマホに好きな音楽が入っていたことを思い出しました。

「そうだ、歌を歌ってみよう」

気分が悪くても、前向きなことを考えるのが難しくても、歌うことならできます。試しに歌いながら山道を走っていたら、自然と気持ちが明るく、前向きになっていきました。気づいたら、車酔いもすっかり治まっていたのです。あれほど具合が悪くなっていたのに、残りの4時間半は嘘のように平気でした。

この経験から、落ち込んでいるときは歌うことや好きな音楽を聴くことで気持ちを切り替えられると実感。私の場合、「車酔いで具合が悪い」というところから、意識を変えることができたのです。

同じように、パニックや鬱になったときは好きな香りを嗅ぐことも効果的です。香りは五感のなかでも、脳にダイレクトに刺激を送ることができるため、どんなに心が揺れていても「今ここ」に意識を向けることができます。

根本的に波動を上げるには、48ページでお話しした3つのポイントが重要になってきますが、下がった波動を1秒で上げるのに「音楽」や「香り」は即効性バツグン！ ぜひ試してみてくださいね。

「絶望」は波動が上がる前のサイン

今でこそ、私も高い波動をキープできるようになりましたが、20代のころは自分を見失い、低～い波動で過ごしていた経験があります。ここでは私自身の波動について、少しお話しさせてくださいね。

小さいころから歌うことが大好きで、実は10代でアイドルグループとして歌を出すことができました。将来は歌うことしか考えていなかった私ですが、その後、歌をやめたときに、はじめて目的のない人生の虚しさを味わいました。

今振り返ってみても、あのころは人生で最も波動が低い時期でした。

「歌をやめてしまった今、私は何をすればいいの？」と、自分探しを始めたものの、次の目標は見つからないまま。

心にぽっかり空いた穴を埋めようと通ったのは……パチンコでした。幸か不幸か、直感で当たる台がわかってしまい、打てばジャラジャラと玉が出ます。そのせいで毎日通わなければいけなくなってしまいました（笑）。

パチンコは快調でも、気持ちや波動は上がるどころか、「こんな毎日でいいのだろうか？」「私の人生、これでいいのだろうか？」という問いを毎日、繰り返し、余計に憂鬱になるばかりでした。

そんな自分についに嫌気が差したのは3カ月後のこと。「何でもいいから新しいことに挑戦して、現状から抜け出したい！」と思うことができたのです。

今にして思えば、パチンコをしながら目標を失った自分と向き合う日々は、新しいことを始めるために必要な心の準備期間。**波動が勢い良く上がる前には、必ず絶望があると学びました。高くジャンプするためには、しっかりとしゃがみ込まないといけないのと同じ**ですね。

「現状を変える」と意識してから3日後、ある出来事が起こります。

たまたまバイト先で知り合った、ある会社の社長さんから「新しいセールスのビジネスを始めるから、キミも起業して一緒にやらないか」と声を掛けられたのです。きっとそれは、「今の生活を抜け出したい。挑戦したい」と覚悟したからこそ訪れたチャンスだったのです。

でも、お誘いを受けた当初は、「幸運が巡ってきた！　ラッキー♪」という前向きな気持ちは一切ありませんでした。それどころか、「私が起業？　どうして？」と全く気乗りしていなかったのです。

でも、今のままはイヤだなと感じていたときだったので「やってみるか」という気持ちになりました。

「やってみて、もし自分に合わないと思ったら、そのときは辞めればいい」

そう割り切ることで気持ちが上がり、波動も高まり始めたのです。

実際に起業したあとは、モノを売る楽しさを知り、「売り上げトップになろう」と新しい目標も見つかり、人生の上昇気流に乗れたのです。

もし第一印象に引きずられて、「気乗りしないから」「未経験だから」などとお断りしていたら、そういったやりがいや喜びに出会うこともなかったでしょう。

現状に不安や疑問を感じていても、

「新しいことを始めて、失敗したらと思うと怖くて踏み出せない」

「今の仕事より収入が減るくらいなら、このまま続けたほうがいいかも」

とズルズル続けてしまう……。

そんな「辞め下手」な人は、最初から確実に成功する方法を追い求め、失敗を恐れています。責任感があり、我慢強い人ほど「辞め下手」な傾向があります。

でも、何をしたいか、どんな人生を歩みたいかは自分にしかわかりません。

「新しいことを始めたい」と思ったら恐れずにどんどん挑戦してください。そもそも私たちは経験するために地球にやってきたのですから、気になるものがあればどんどん触れて、経験してみれば良いのです。そして経験してはじめて、自分の「好き」や「得意」を知ることも大いにあります。やってみたことがなくても、少しでも興味があったら、ぜひ「ＹＥＳ♡」と答えてみてください。

心が折れそうになったら「行きたい未来」をイメージ

人間で最も波動が高いのは赤ちゃんだとお話ししましたが、では大人のなかで最も波動が高いのは誰でしょう？　それは「チャレンジしている人」です。

人生の夢や目標ができると、波動はどんどん高まっていきます。未知のものに挑戦しようとする、やる気や向上心が高い波動をキープしてくれるからです。

ですが当然、その過程のすべてが楽しいわけではありません。

夢や目標について考えているときはワクワクしますが、行動に移すとなると、面倒臭いことや大変なことが出てきますよね。

「SNSでインフルエンサーになりたいけど、毎日の投稿が面倒だな」

「翻訳家になろうと決めたけど、英語の勉強が続かない……」

「カフェを開きたいけど、調理師免許を取得する時間がないや」

私も起業した当初は、事務や経理の作業にワクワクするどころか、憂鬱になりながら取り組んでいたことを覚えています。でも面倒な作業を乗り越えないことには、明るく楽しい未来には辿り着けません。**私が、「面倒だな」と思いながらもそうした業務をやりきれたのは、その先にある、楽しく明るい未来やワクワクする自分の姿をイメージできたからです。**

未来のワクワクは、面倒な作業もひっくるめて「受け入れること」で手に入るのです。実際にはワクワクしていると、すべてのことに無我夢中になれるので、面倒なことも楽しくやっている場合がほとんど。でも、本当にイヤなことは得意な人に任せましょう。行きたい未来が見えないことには、やる気や努力も長続きしません。画家や彫刻家などのアーティストも、完成のイメージがあるからこそ、忍耐強く作品づくりに取り組むことができるんです。

「こうしたい」「こうなりたい」といった夢や目標を考えていれば、波動はその実現をあと押ししてくれます。反対に未来に不安を感じていると、波動は下がり、ネガティブなイメージが叶ってしまうので気をつけましょうね。

「まずは21日間」続けることで自分との約束を守るクセをつくる

夢や目標を叶えるための、おすすめの方法があります。それは「習慣化」することです。どんなに眠くても、疲れていても、歯磨きをしないで寝るのは気持ち悪いですよね。それと同じように、**目標を叶えるために必要なことも習慣化できれば、「やらないと気持ちが悪い」と感じるようになります。要は生活の一部に組み込んでしまえば良いのです。**そうすることで、

「ひと言でもいいから、SNSに投稿しよう」

「寝る前に10分だけでも英語の勉強をしよう」

と、自然と継続しようとする気持ちが生まれます。

習慣化するまでの目安は21日間。最初から「1年間がんばろう！」と大きな

目標を掲げてしまうと、なかなか達成感が得られずドロップアウトしてしまいがちです。でも21日間くらいなら「続けてみよう」と思えますよね。それも長いと感じたら、まずは3日間続けてみる。そして1週間、21日間と続けてみるんです。それができたら次は3カ月、半年、1年と徐々に期間を延ばしていきます。

「21日間は続ける」という自分との約束を守ると、自分を信用できるようになり、自信がつくなどいいこと尽くしです。

「結果が出て、はじめて自信が生まれる」と思っている人も多いようですが、自信は挑戦していく過程で生まれるものです。**目標に対し、コツコツ地道にがんばり続ける自分に対して、自信がつくのです。**

自分との約束を破ってしまうと、「やっぱり私ってダメな人間なんだ」と自信を失い、波動も停滞してしまいます。

まずは21日間続けてみましょう！

自分にできることを続けた先に、楽しい未来が待っています。

迷ったときは潜在意識が答えを届けてくれる

もし、チャレンジするなかで壁にぶつかり、迷いや不安が心を占めてしまったら、**答えをあなたの潜在意識に聞いてみるのもひとつの手です**。

私自身も自分の潜在意識に助けられた経験があります。

セールスのビジネスが軌道に乗り、これは一生続けていく仕事だと思い、やりがいも感じていたある日、ふと「このままこの仕事を続けていいんだろうか？」と、疑問に思う瞬間がありました。そして、そのときからなぜか仕事で取引先とのトラブルが頻発し始めたのです。今までにないようなことが起こったり……。

突然の心の変化に戸惑いながらも、そのときは、なぜこういうことが起こるのかわかりませんでした。でも、あとから振り返ってみると「仕事を辞めるときが来たというサインだったんだな」と気づきました。でも、じゃあ次に何をすればいいのかなんて、まったくわかりません。

そこで自分の潜在意識に、「私が次に何をしたらいいのか教えて」と尋ねてみることにしました。

そうひらめいたとき、本を読むことが好きだった私は「本で示して」と、方法も指定してみました。すると、無意識のうちにスピリチュアルコーナーに向かって歩き、気づいたときにはスピリチュアルの本を手に取っていたのです。

スピリチュアルは生活の一部として、いつも身近にありましたが、自分のやりたいこととしては、それまで興味を持ったことのないジャンル。最初は「どういうこと？」と理解できなかったのですが、セールスを始めたとき同様、「とりあえずやってみよう！」とチャレンジすることに。その後は、自分の想像以上にスピリチュアルの世界にのめり込み……今に至ります。

あなたの潜在意識も、あなたを正しく導いてくれる力があるはずです。迷ったときは、自分のなかに眠る意識に問いかけてみましょう。

過去でも未来でもなく「今」を生きれば波動は最強に

私たちは日々、数えきれないほどの決断をしています。

就職や結婚、引っ越しといった大きな決断もあれば、誰かに何かを伝える・伝えない、ショッピングでの買う・買わないといった日常的な決断までさまざまです。

そんな決断のなかで、ずっと後悔を引きずっていることはありませんか？

毎朝、仕事に向かう電車に乗りながら、

「この会社じゃなくて別の会社に就職すれば良かった」と憂鬱になったり、
別れた相手のことを思い出して、

「あんなことを言わなければ、今こんな関係じゃなかったかも」と落ち込んだり。

程度の差こそあれ、後悔にとらわれてしまっている人は「過去に生きている人」です。

「違う選択をしていれば……」と、どんなに後悔しても、過去を変えることは誰にもできません。

すべては自分が決めたこと、やったことです。**自分の判断や言動を否定することは、自分自身を否定することにつながり、どんどん自信を失い、波動を下げていってしまいます**。

もちろん、自分の言動を振り返るのがすべて悪いというわけではありません。「あのとき、ああすれば良かった」という気持ちを、「じゃあ、次はこうしよう！」と、反省しつつも前向きに切り替え、前進していくことが大切だと思うのです。

未来に目を向けると、過去への後悔に沈んでいた波動は、希望を叶えるためのサポートをしようとどんどん高まっていきます。

「この会社じゃなくて別の会社に就職すれば良かった」ではなく、「この会社に入ったことで、本当にやりたいことに気づくことができた」と思えたら波動が上がっている証拠。

大切なのは、未来思考で「今」を生きることです。

ちょっと視点を変えて、5年後、10年後の自分になったつもりで、今の自分を客観的に見つめてみてください。

「やりたいことを精一杯がんばってるな」

「明るい気持ちで毎朝、起きているね」

「自分らしくみんなとコミュニケーションをとっているね」

「いろいろあるけど、充実した人生を送っているな」

そんなふうに思えるなら、大丈夫。

もし、過去にとらわれて後悔ばかりしている自分の姿を見たら、

「いつまでもクヨクヨしているなんて、時間がもったいない」と思うのではないでしょうか。

過去は変えられませんが、「今」を変えることならできます。

今が変わると、過去にあった出来事に対しても「あのときのおかげで」と思えるときが必ずきます。

私たちが地球に生きて、あらゆる感情を味わうことができるのも有限です。

失敗は誰でもします。**失敗することは、人生に対してチャレンジしているという証であり、魂の成長にとってプラスになることです。**

そして失敗をしても、また前を見据えて「今」を進められる人が、波動を高め続けられる人だと思うのです。

Work 2-1

自分を「客観視」するためのワーク

✦ 今、イライラしていること、不安に感じていることは何ですか？

例）友達が何かにつけてマウンティングをしてくる。／ふと自分の将来が不安になる。

✦ どうしてそれが気になるのですか？

例）一緒にいると自分が惨めな気持ちになるから。／周りの友達が活躍しているように見えて、焦りや嫉妬を感じるから。

✦ 一歩下がって、第三者の視点から状況を見たとき、どう感じますか？

例）その友達も、自分に興味を持ってもらおうと必死なのかもしれない。友達が少ないし、孤独なのかも。／私だって仕事で成果を出すなどがんばってる。

✦ 今後、どうなるのが理想的だと思いますか？

例）相手のことを傷つけずに、自分のことも守れるようにちゃんと距離を置く。／人と比べない。自分のことを肯定してあげる。

✦ すぐにできる具体的なアクションはありますか？

例）1対1だと疲れるので、他の子も誘う、友達を紹介してみる。／日頃から自分のことを認め、褒める習慣を持つ。

Work 2-2

「自分軸」を取り戻すためのワーク

✦ 自分が子どものころに好きだったことは何ですか？
昔を振り返り、書き出しましょう。

例）お絵かきが好きで、家の壁にも落書きをしていたほど。／乗り物が好きで、近所の線路まで電車を見に行っていた。

✦ それを今も続けていない場合、その理由が何なのか、書き出してみましょう。

例）美術部に入部したが、自分よりも上手な子がたくさんいてやる気をなくした。／「女の子なのに乗り物が好きなんて」と母親に叱られ、意識的に乗り物から興味を逸らした。

✦ 今、どんなときにワクワクしますか？　夢中になれることと、その理由を３つ書き出しましょう。

例）雑貨屋さんに行くとき。理由：かわいいもの、美しいものを見ていると心が潤うのを感じるから。／料理番組を見ているとき。理由：おいしい料理ができあがる過程を見ていると幸せな気分になれるから。

・ワクワクすること

・理由

・ワクワクすること

・理由

・ワクワクすること

・理由

Work 2-3

「心のざわめき」を取り除くためのワーク

✦ **今、自分が興味のあることで実行できていないことは何ですか？**【課題】

例）美容師になりたいが、今の仕事が忙しくて踏み出せないでいる。

✦ **具体的にどうすればそれを実行できると思いますか？**【対策】

例）専門学校に通って資格を取る。

✦ **そのために今すぐできることは何ですか？**【行動】

例）専門学校のパンフレットを取り寄せる。お金を貯める。

Chapter 3

波動が上がらないあなたは ひょっとして ネガティブLOVE？

ネガティブな「思いグセ」を手放して波動パワーをチャージ！

・何かに挑戦しても、どこかで「どうせうまくいかない」と思ってしまう
・物事がうまく進んでいるときでも「クビになったらどうしよう？」「彼が浮気していたらイヤだな」など、つい悪いほうに考えてしまう

心のなかにそんなネガティブな「思いグセ」がある人は、自分の心が波動を上げる邪魔をしている状態です。いくら波動や運気が上がることを試してみても、残念ながら効果は出にくくなります。

わかりやすい例が、パワースポット巡りです。神社をはじめ、パワースポットに行くことは、高次元の波動をチャージできるので私も大好きです。でも、

「毎日、お参りをしているけど全然、運気が上がらない」

「縁結びで有名な神社を参拝したのに恋人ができる気配がない」

などと、効果を感じられないという方もいるでしょう。

あなたはどうですか？

神社参拝では確かに高い波動の影響を受け、自分の波動も高まります。

ただ、数日後もそれを維持できるかどうかは、自分自身にかかっているのです。人によっては境内の外に一歩出た瞬間から、波動が下がってしまうことも珍しくありません。


せっかく高い波動を浴びても、ネガティブ思考のままでは、波動が上がるのはほんの一瞬だけ。**ネガティブな思いグセによって、再び波動が下がってしまうのはとてももったいないことです**。パワースポットで得られる良い影響をしっかり自分のものにできるよう、まずはネガティブな思いグセを手放すことから始めてみましょう。

「切り替えスイッチ」でピンチをチャンスに♪

あなたのなかに、ネガティブな思いグセがあるかどうかをチェックできる方法があります。それは、思いがけないトラブルやピンチが起こったときに「チャンスと捉えられるかどうか」です。

波動が下がっていると、願いが叶わなかったり、解決しないようなトラブルに見舞われたりといったことが頻繁に起こります。

でも**トラブルが起こったときは実はチャンス**。**捉え方次第では低い波動を抜け出し、飛躍するためのきっかけになるからです**。

あなたはトラブルが起こったとき、どのように感じますか？

「大型プロジェクトのメンバーから外されてしまった……だったら新しい企画を提案して、自分でプロジェクトを立ち上げてみよう！」

「好きな人に振られちゃった……けど、自分にピッタリな人に出会えるチャンスかも」

などと、辛い経験をバネにできる人は、劇的に波動が上がっていきます。

反対に、

「どうして自分ばっかりこんなにツイていないんだろう」

「どうせ私のことを好きになってくれる人なんていないんだ」

とずっと落ち込んでしまうようなら、波動は低いところで停滞したまま。

ピンチやトラブルは、人生の明暗の分かれ道でもあるのです。

もちろん、誰でも戸惑ったり腹が立ったりすることは当然あります。

私自身、腹が立ったり、ネガティブな気持ちになったりすることはあります。

そうしたネガティブな感情を持つこと自体は、人として自然なことですし、止めようとする必要は全くありません。

大事なのは、その気分を切り替えられるかどうかです。

実際に私がこれまでに出会った経営者のうち、成功している人はみんな気持ちの切り替えが上手です。

世界中を震撼させたコロナ禍にあっても、「これを機に従業員の働き方改革を進めよう」「新しい生活スタイルに合わせた、新商品を開発しよう」など、事態を前向きに捉えることができます。

一方で、事業がうまくいっていない経営者ほど、共通する言葉を必ず言います。「社員のやる気がないから、経営が悪化している」「景気が悪いから事業が軌道に乗らない」「国の政策のせいでうまくいかない」など、環境や人のせいにしていて、ネガティブな状況から抜け出せないでいました。嘆いても悔やんでも、残念ながら状況が良くなるわけではありません。

だったら「どうすればいいのか？」「今、自分にできることは何か？」を考えたほうが、よっぽどうまくいきます。そして新しいアイデアはワクワクしますよね。

気持ちの「切り替えスイッチ」を押した瞬間から、波動は自分の味方になっ

てくれるのです。

✦どん底にいても、希望の種を見つけよう

気持ちを切り替えるコツは、ピンチのなかでも「いいこと」を見つけること。たとえ小さなことでも、必ず何か、希望の種が落ちているはずです。

希望の種を見つけるポイントは、自分を一歩引いたところから客観的に見ることです。今いるところよりも、ひとつ高い視点から物事を見てみましょう。

「自分で思っているほど、最悪な状況じゃないのかも」

「支えてくれる家族や友達がいる私って、実は幸せ者かも」

と、冷静に状況を判断することができます。

Chapter 2で紹介した、「心のざわめきを書き出す」方法もおすすめです。ピンチやトラブルに陥ったときこそ、「客観的な自分」を意識してみてください。心のなかにある辛いものを全部書き出したら、最後には必ず希望が残っているはずです。

心の揺らぎを捉えて、脱ネガティブ思考

波動をコントロールするためには、感情のコントロールが不可欠です。**特に女性は感受性が豊かな分、感情的になりやすく、波動も揺らぎがちです**。つい心配になったり、迷ったりすることは誰にでもありますし、それを放置するのも良くありません。そして、**感情的になっているときこそ、感情を入れずに物事を捉えてみましょう**。

たとえば、誰かに何かを注意されたとき、本当は自分のためを思って言ってくれた言葉かもしれないのに、感情が入ってしまうことで、「あの人は私のことが嫌いだから、そんなことを言うのね」

と思ってしまいがちです。これではせっかくの好意を素直に受け止められませんし、自分の言動を改めるチャンスを失うことで波動も下がっていきます。

反対に、

「確かに、至らない点があったな」とか、

「私のために怒る役を買って出てくれてありがとう！」

と思えれば、気づきを得ることができますし、前向きな気持ちになって波動もどんどん上がっていきます。

「自分が感情的になっているな」と感じたら、その感情から目を離さず、ひとつずつ向き合ってみましょう。

「今、私がカッとなっているのは、上司に仕事のミスを注意されたから。でも、もし上司が気づいてくれなかったら大変なトラブルになっていたかも。見つけてくれた上司に感謝♡」

というように、状況を俯瞰することで、ネガティブ思考から抜け出すことができます。感情をフラットに保つことができれば、波動も運もコントロールできるのです。

「大丈夫？」の言葉、期待していませんか？

人にはキャラクターがありますが、あなたの周りにも「彼女はいつも何かしらにクヨクヨしている」「彼は本当に考え方がマイナス思考だなあ」などと、ネガティブな性格だと感じる人が、一人や二人はいませんか？

もしかしたら、あなた自身が「自分はネガティブ」と思っている場合もあるでしょう。

私も相談を受けることがありますが、実は、常にネガティブな自分から離れられない人は、ネガティブになることに何らかのメリットを感じている可能性があります。ネガティブな自分のほうが、都合がいいと感じているということです。

・落ち込んでいると、いつもは忙しくて素っ気ないパートナーが優しくしてくれる
・自信がなくて不安になっていると、職場の先輩が心配して、仕事のフォローをしてくれる
・悩みがあると友達の集まりで、話題の中心になれる

クヨクヨと悩んだり、落ち込んだりすることで、周囲に対して**「大丈夫？」「話を聞こうか？」といった言葉を期待していたら、要注意。心が「ネガティブLOVE」の状態に陥っているサインです。**

周囲の人も、落ち込んでいる人を放っておくことはなかなかできません。内心では「またか……」と思っていても、表向きは心配してくれるはずです。

こうした言動は、相手の優しさに甘えて時間やエネルギーを奪っているため、相手はもちろん、自分の波動も下げてしまいます。

また、「怒る」「イライラする」といった攻撃的な行動も同じです。**不機嫌に**

なることにも、その場の主導権を握れたり、周囲が気を遣ってくれたりといったメリットがあります。

波動は正直です。たとえ意図せずにやっていることでも、言動に合わせてどんどん低下していきます。

自分の気持ちをコントロールすることは難しいですが、だからこそ波動を上げるための大事なポイントになるのです。

ネガティブな感情に支配されそうになったら、なぜそう感じているのか？　原因を見つめることが大切です。そこに隠されたメリットがないか、自分の気持ちを疑ってみましょう。

Negative
Love

自分が思い込んでいる「私らしさ」を疑おう

ちょっとびっくりする話ですが、「自分の周りにいつも嫌な人がいる」「人間関係にストレスを感じがち」という人は、自らその関係を築いている可能性があります。

たとえば、職場でいつも上司や先輩に叱られてばかりいるという人。どれだけ一生懸命、仕事に打ち込んでも、上司との関係が改善されないばかりか、転職先の上司とも、また同じような関係を築いてしまいます。

恋愛関係などでも起こりがちですが、相手が変わっても毎回、同じような関係を築いてしまう人は、育った環境にその理由がある可能性が高いようです。

いつも怒られてばかりいるという人の話を聞くと、子どものころから親に叱られながら育ったという傾向があります。その関係性が染みついているため、大人になってからも自ら叱られるような行動を起こし、相手が怒るように仕向けているのです。

不思議に感じるかもしれませんが、**怒られ続けてきた人は「怒られている私」＝「自分らしい私」だと思い込んでいます。怒られている状態が当たり前の自分で、居心地が良いとさえ感じている場合があります**。もちろん、自覚はありませんから、無意識のうちに自分を怒ってくれそうな人を選んで近づいていったり、自分を怒らせるように仕掛けたりする場合もあります。

この負のループから抜け出すには、まずは自分がいつも怒られているという事実を客観的に自覚すること。それに気づくことができれば、自ら怒られようとする行動をやめられます。楽しい思い込みなら良いのですが、ネガティブなことが何度も続く場合は自分のなかの思い込みを疑ってみましょうね。

波動が下がる行動ランキングトップ3

ここでは、波動を下げてしまう行動について、より具体的にお話ししたいと思います。

1位　人のせいにする

ネガティブになったとき、私たちが最もやりがちな行動がこれ。「人のせいにする」ことで波動は一気に下がってしまいます。

人生が思い通りにいかないとき、

「友達が紹介してくれた人と交際を始めてみたけど、付き合ってみたら価値観が違ってモヤモヤ……こうなったのも紹介してきた友達のせい！」

「夫が専業主婦を望んだから仕事を辞めたけど、毎日が退屈。キャリアも途切れてしまったし、夫のせいで人生がつまらなくなっちゃった」

と、**「〜のせいで」と思った瞬間から、波動はどんどん下がっていきます。**

そもそも、私たちはなぜ、人のせいにしてしまうのでしょうか？

それは「自分が悪い」と思いたくない、そして自分のせいになって責任を取りたくないから。自己肯定感が低い人ほど、自分自身を責めたくないという気持ちから人のせいにしてしまいがちです。そうすることでさらに波動が下がり、自己肯定感も低いまま、という悪循環に陥ってしまうのです。

もし、自分のことかもと思った方は、**「人のせい」にするのをやめたからといって、「自分のせい」だと思う必要は全くないということを知っておいてくださいね。**

「相手とうまくいかないのは、すべて私が至らないせいね」

「仕事を辞めると決めたのは私自身なんだから自業自得。自分のせいで人生がつまらなくなっているのね……」

などと、自分を責めたり、追い詰めたりしないこと。

そんなことをしても状況は変わりませんし、波動も上がりません。


「じゃあどうすればいいの？」と思った方、ただただ、その出来事を受け入れてください。

起きてしまったことは変えることができません。

うまくいかないこと、辛いことが起こったとき、大切なのは自分がその出来事とどう向き合うかです。**まずはそのときの自分の決断、そして今のありのままの自分を受け入れて、肯定してあげてください**。

「気が合いそうと思って付き合ってみたけど、思っていたより価値観が違う相手かもしれない」

という事実をとりあえず受け入れてみる。その上で、

「まだ彼のことを理解していないのかも。もっと本音で向き合ってみよう」

と関係性を見直してみたり、

「こういうこともあるんだな。次はもっと自分に合った相手を選ぼう」と新しい一歩を踏み出したりすれば、波動は上がっていきます。

私たちはすべてを経験するために生まれてきたのです。思い通りにいかないことがあっても、「また経験値が上がったな」と捉え、未来にどんどん活かしていこうと思えば、「人のせい」や「自分のせい」にする必要なんて全然ないということがわかりますよね。

2位　奪う

「奪う」と聞くと、モノやお金などを連想するかもしれませんが、**意外とやってしまうのが、相手の時間やエネルギーを奪う行為です**。

こんな経験はありませんか？

家電量販店を訪れた際、気になる製品を見つけたとします。店員さんがやってきて、製品の特長や使い方を丁寧に説明してくれました。一通り説明を受けたあと、あなたはお店を出ます。家に帰ってからネット通販、または別のお店で同じ商品を購入する……。

多くの人が心当たりのあるシチュエーションですよね。

実はこれも、立派な「奪う」行為。

薬剤師さんから説明を受けたのに、他の安いお店で薬を購入する、ネットでサービスを提供している人に無料でたくさん質問したにもかかわらず、他の人から購入するなど、こういった似たようなシチュエーションは、日常にあふれていますし、その都度いちいち意識していないはずです。でも、こんなふうに知らず知らずのうちに、私たちは人から奪っている可能性があるのです。

このような行動をしてしまう背景には「損したくない」という気持ちがあります。

店員さんが丁寧に説明してくれたおかげで、商品の魅力に気づけたのに、「ネットで買ったほうが安いから」「別のお店でポイントを貯めているから」と、損したくないという気持ちで自分の行動を決めています。

つまり、「自分の得になることしか考えていない」という行動を無意識のうちに選択し、実行している可能性があるのです。残念ながら、奪う行為をしている間は、自分の心は満たされず、波動は下がります。

波動が上がるのは、人から「奪う」行動ではなく「与える」行動です。

与える愛は、自分の心を満たし、豊かさや幸せを感じさせてくれるのです。

波動を高め、豊かな人生を送る秘訣は、いかに与えていくかということ。

そのことをぜひ心にとめて、日々を過ごしてみてくださいね。

3位　決められない

自分で「決められない」という人の特徴としてわかりやすいのが、日常生活でとにかく質問が多くなることです。

私もよく、こんな質問を受けます。

「どんなお財布を買えばいいですか？」

「どういうパートナーを選んだら幸せになれますか？」

「どんな仕事に就けばいいと思いますか？」

でも、こういった質問にはお答えしていません。

決して答えたくなくてそうしているわけではなく、そこにはちゃんとした理由があります。実は日本人は、決めるのが苦手と言われています。その理由は、

・間違えてはいけない

・失敗をしたくない

・集団で決める

という日本人の性質や文化にあります。失敗することを恐れるあまり、自分が「何をしたいのか」「何が欲しいのか」を感じないまま「決める」ことをやめて、自分ではない誰かの意志に決断を委ねてしまうのです。

でも、これはとてももったいないことです。物事を判断できないだけでなく、物事に対して何も感じられなくなってしまうからです。

人に決めてもらっていれば、うまくいかなかったとしても「金運が上がらなかったのは選んだあの人のせい」と、「人のせい」にすることができて一見ラ

クなように見えますが、自分の人生を自分で選択していないので、自分で決めた喜びを味わうことができません。

逆に、うまくいったとしても、人に決めてもらったことで自分の経験値が上がることはありませんよね。

「失敗したくないから」と、自分で決めることを避け続けている限り、経験値は上がりませんから、決断力も波動も上がらないままです。

誰かに決めてもらう「他人に軸をおいている人生」では、自分で自分を満たすことができないため幸せを感じられず、波動がどんどん下がっていきます。

私たちの人生は毎日が選択の連続です。

自分の意志で選び、失敗することで「やっぱり違ったか」「あっちを選んだほうが良かったな」と経験から学べるからこそ、次からもっと上手に選択できるようになり自信がついてきます。

ですから、どうか失敗すること、間違えることを恐れずに、自分で感じることと、選ぶことを大切にしてくださいね。

倍返しどころじゃない!? 「波動の法則」は正負のバランスをとる

友達の近況を知ったり、有名人の暮らしを垣間見たりと、世界中の人々とつながることができるＳＮＳ。

うれしいこと、楽しいことを書き込んで前向きな気持ちになることは、周囲の人にもポジティブな波動をシェアできるという点でおすすめです。ですが、もし自分のＳＮＳにネガティブなコメントを書き込まれたらどうすれば良いのでしょうか？

世の中には、わざわざ人の気分を害するようなことを平気で書き込む人がいます。目にしたあなたも気分が下がってしまいますよね。私はこういう人を、唯一、「かわいそうな人」だと思っています。なぜなら自分の心が幸せではないために、やってしまう行為だからです。

嫌なことを言う人というのはいつの時代にもいますが、ＳＮＳが発達した現代では、そうした人の発言がより目につきやすくなっています。

一番の対策は、何もしないことです。ＳＮＳに限らず、悪口を言ってくる人がいたとしても、相手にする必要は一切ありません。ただし、あまりにひどい誹謗中傷の場合は、専門家に相談して対処していきましょう。

嫌なことを言う人に対して、「言われっぱなしはどうしても我慢できない！」という場合もあるでしょう。でも、「波動の法則」が働くから大丈夫。**悪口や否定的な意見ばかりを言う人の波動は、下がるだけでなく、その下がった分が相手の波動を上げるエネルギーになるのです**。

芸能人などでもアンチが存在するのはある程度、人気がある人ですよね。叩かれても、その分、人気も上がっていくはずです（不祥事や法律を犯した場合は別です）。

もしもあなたに批判的な人がいたら、「自分の波動を下げてまで応援してくれるなんて、ありがとう！」と思って、ネガティブな感情に引きずられないことが大事です。

波動の法則の恐ろしいところは、自分が発した言動は、良いことも悪いことも5倍、10倍になって跳ね返ってくるという点。

たとえ相手から仕掛けられたとしても、一緒になって悪口を言い合うことで、あなたの波動まで下げてしまわないように気をつけましょうね。

✦吐き出してもいいけど、ばら撒かない

とはいえ、嫌なことがあったとき、誰かに話を聞いてもらうのは、気分を落ち着かせるためにも有効です。ネガティブな思いを吐き出したい場合は、家族やパートナー、気心の知れた友達など、自分のことをよく理解してくれている身近な存在にとどめましょう。

気をつけたいのは、職場や学校で言いふらしたり、ＳＮＳで「拡散してやろう」などと思ったりしてしまうことです。不特定多数の人に自分の悲しみや怒りをばら撒いても、気持ちや波動が上がることはありません。

自分の感情を公に吐き出すことで一時的にはスッキリするかもしれませんが、みんなにも嫌な気持ちをばら撒くことで、ネガティブな波動が自分に跳ね返ってきます。

頭にくることを言われたときには、「この人はそういう価値観なんだな」「世の中には、こういう人もいるよね」と思っていればいいのです。

悪口を言われたら、吐き出してもいいけど反撃しないし、ばら撒かない。すべて自分に返ってくると思えば、楽しいこと、うれしいことを発信したいですよね♡

Work 3

ネガティブLOVE度チェック

次の項目のなかから、自分に当てはまるものに
チェックを入れてみましょう。
5個以上の人はネガティブLOVE度が高めです。

- □ 過去の失敗を何度も思い返したり、いつまでもクヨクヨと後悔したりする。
- □ 大人になってからも母親にどう思われるか、何を言われるかが気になる。
- □ 思い通りにならないことがあると、すぐ人や周囲のせいにする。
- □ 嫌なこと・辛いことがあったとき、「自分がかわいそう」と思いがち。
- □ 誰でもいいからとにかく自分の話を聞いてほしい。
- □ 電話で愚痴や不満を1時間以上話してしまうことがよくある。
- □ 最近、仲の良い友達や同僚から避けられている気がする。
- □ レストランやカフェで注文するものを自分で決められず、友達や家族に任せる。

□ ショッピングをするときはいつも誰かと一緒だし、自分の判断で買うものを決められない。

□ 仕事や恋愛など、自分のしたいこと・欲しいものがわからず、何事にも優柔不断である。

□「どうせ」「でも」「だって」が口癖。

□ 仕事や趣味で興味を持ったことがあっても、「うまくいかないだろう」と思って行動する前に諦めることがある。

□ 人の成功を羨ましいと感じることが多く、素直に喜べない。

□ 無意識のうちに、いつも家族やパートナーの顔色をうかがってしまう。

□ 人から叱られたり嫌なことを言われたりしたとき、全面的に自分が悪いと思い込んでしまう。

□ 物事が順調に進んでいるときでも、どこかで最悪の事態を想定してしまい、落ち込んだり、不安な気持ちになったりする。

✦ **前述のチェック項目から、自分のどのような傾向が見えてきたか書き出しましょう。**

例）優柔不断で自分で決められない。パートナーや友達、タレントが「イイ」と言っていたものを身につけているだけで、実際には自分で判断していない。

✦ **それはなぜか、自分と向き合ってみましょう。**

例）自己肯定感が低く、自分に自信がないから。人から否定されるのが怖く、ファッションや持ち物についても誰かのお墨付きがないと不安になる。

ネガティブLOVE度や傾向に合わせ、Chapter 3で紹介した波動アップ法を試してみてくださいね。

Chapter 4

人間関係は波動次第 もっと豊かで 楽しくなる♡

波動は類友、周りを見て自分のレベルチェック

私たちは、環境の生き物です。

自分が思っている以上に、周りの人や環境の影響を受けながら生きています。

「類は友を呼ぶ」と言うように、波動もだいたい同じレベルの人同士で惹かれ合うので、周りにいる人たちの波動を意識することは、自分の波動を知る上でも、とても大切です。

いつも一緒にいる人がポジティブ思考で波動も高ければ、私たち自身も「なんだかうまくいきそう♪」と物事を前向きに受け止め、波動を上げることができますよね。

一緒にいて波動が上がる相手は、

・話していて楽しく、気持ちが良い人
・向上心があり、いつも前を向いている人
・物事の良い面に光を当てられる人

などです。こういう人と一緒にいると、

「私ももっと人生を楽しもう♡」

「新しいことにチャレンジしてみようかな」

と、自然に思えるようになります。


反対に、一緒にいると波動が下がる相手は、

・愚痴っぽく、一緒にいるとこちらまで気分が沈む人
・自分のことばかり話す人
・ネガティブ思考で、物事を悪いほうにばかり考える人

などです。特に、**ネガティブ思考の相手と一緒にいると、自分のなかの眠っていたネガティブな感情が刺激されてしまうため、こちらまでネガティブになってしまうんです。** もし今、自分の周りに波動が低い人ばかりいると感じたら、意識的に波動が高い人たちとの出会いを探しにいきましょう。

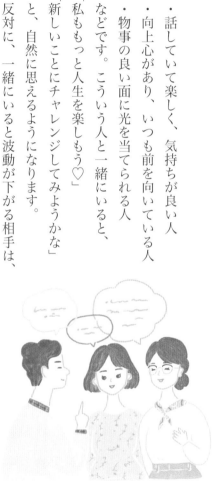

幸せの秘訣は「比べない」「戦わない」

私たちが人間関係で「ツラい」と感じるのは、人と比べたときではないでしょうか。比べることからはさまざまなネガティブな感情が生まれます。

「嫉妬」は、その代表。嫉妬から生まれるパワーをポジティブに捉えて、前に進むパワーにできるなら、それはとてもいいことです。でも、ネガティブに捉えてしまうときもありますよね。

友達の幸せそうな様子を見たり、聞いたりしたとき、「あの子ばっかり幸せそうで羨ましい！」と嫉妬に駆られ、ものすごく悔しくなったことはありませんか？　**嫉妬をするのは、「私だってそうなれるはずなのに」という思いがあるから**。私たちは、普段から無意識のうちに、つい人と比べがちなのです。

私も海外に行くと、自分が日本にいるときに、いかに人と比べているかを実感することがあります。たとえば海外のリゾート地では、体型や年齢を気にせず、好きな水着で過ごしている方が多いですよね。日本だったら「太ったから」「もう若くないから」などと、人と比べて行動してしまうことがあります。

日本人はもともと自己肯定感が低く、人と比べる傾向が強め。友達や同僚だけでなく、場合によっては夫などパートナーと自分を比べて、勝とうとしたり、弱さを見せないようにしたりします。

仮に「私のほうが上」「勝っている」と思えたとしても、自分より「下」を見て一時的に満足しているだけ。「上」を見た瞬間に自信はなくなります。上には上がいますから、比べている限りいつまでたっても満たされることはないですし、波動も上がりません。

波動を上げるなら人と比べないし、戦わない。**もし誰かから嫌味や皮肉を言われたら、相手があなたのことを意識している証拠**。「私は嫉妬されるだけのものを持っている♪」と喜んで。気にする必要なんて全然ありませんからね。

パートナーは「波動の鏡」

夫婦やパートナーは、基本的には同じ波動レベルの人同士で惹かれ合います。**波動レベルが合わない相手とは、そもそもお付き合いをすることはありません。結婚したり、カップルになったりしている時点で、「その相手とは同じ波動を持っている」と言えます**。

結婚生活やパートナー関係を続けていくうちに、どちらかの波動が急成長したり、反対に下がったりすると、波動がズレて日常にも違和感が生まれます。

それまで二人の会話を楽しめていたのに、急に噛み合わなくなったり、相手に共感できなくなったり……。その結果、一緒にいるのが難しくなり、お別れをすることになる場合もあります。

ですが、**お互いの意見や気持ちを常に話し合っているカップルであれば、同じように学んで、波動も一緒に高め合っていけるはずです。**

時々、「パートナーがネガティブ思考で困るんです」というような相談を受けます。「これ以上、一緒にいられない」「別れたい」というわけでなければ、二人の波動レベルは基本的には同じ。ということは、実は自分の心の奥にも同様のネガティブな部分を持っているのです。

つまり、**相手の悪口や文句を言うことは、自分の欠点を人に伝えているのと同じことだったりするんですね。**悪口や文句を言う前に、まずは自分を疑ってみましょう。**パートナーほど勉強になる相手はいません。自分のなかのネガティブを見つめて、そのネガティブを昇華していくと、パートナーに対するネガティブがなくなっていったり、パートナーが変化したりするんです。**

相手を変えることはできません。変えることができるのは自分だけです。自分が変わることで相手が変わることは大いにあり得ます。私たちはパートナーと一緒にいることで、お互いに相手から何かしら学び合い、経験し合う大切な存在になっていくのです。

婚活は「未来の夫」より「友達候補」を探す気持ちで

コロナ禍で世の中全体が不安を感じる今、「一緒に支え合っていけるパートナーを見つけたい」と思っている人も多いのではないでしょうか。

私のセミナーにも、婚活中の方やパートナーを探している方はたくさんいらっしゃいます。みなさん、とてもキレイで素敵な女性ばかりなのに、恋愛や結婚のことになると、「いい人がいない」「なかなか交際まで発展しない」「そもそもときめきや『人を好きになる』という感覚を忘れつつある……」と伝えてくれる方が多いんです。

でも、大丈夫です。自分と波動が合うパートナーは、必ずどこかにいます。

新しい出会いがあったとき、相手のどんなところに注目していますか？　年齢、年収、顔、身長、職業など、いろいろありますが、あなたが一番にチェックするところは？　「年収６００万円以上は譲れないなあ」「年齢は5才差くらいまでかな」と、相手の情報をもとに考えたり、暮らしのイメージをしたりしますよね。

でも、**これらの情報はすべて肩書き、つまり相手の「表面」でしかありません**。表面ばかりを見ながら一生付き合える人を探すのは、なかなか難しいと思いませんか？　未来の夫を探そうと思うと条件に目が行き、どうしても相手を見る目が厳しくなります。すると思った以上に自分の感覚がわからなくなり、出会い自体が億劫に。

婚活パーティで波動の合う相手を探そうと思ったら、まずは「友達になる感覚」で相手を探すといいですね。知り合ったあとは波調が合う、話していて楽しい、肌が合いそう、という相手であれば、結婚してからも必ずうまくいきますよ。

良好なパートナーシップは「自己肯定感」から生まれる

「いつも追いかける恋愛ばかりで疲れちゃう」「ダメンズに尽くしてしまいがち」「最終的に浮気されてしまうことが多いかも」という人は、自分軸で生きていない可能性があります。

ブレない自分軸を持つ上でカギを握るのが「自己肯定感」です。

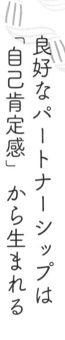

自己肯定感は、パートナーと良好な関係を築くための、とても重要なカギを握っています。自己肯定感が高い人は、ありのままの自分を認め、自分を愛することができているので、物事を自分軸で選択していくことができます。

反対に自己肯定感が低い人は、ありのままの自分を認めてあげることができません。**「私なんて」という思いがあり、自分に自信がないことから、無意識のうちに自ら選択することを避け、他人軸に頼る生き方をしてしまいます。**そして、自分を好きではない、自分には価値がないと思っているために、心を無視して相手に合わせるようになり、自分を大切にすることを忘れてしまいます。

私たちは誰でも、自分のなかに選択肢をもっています。人から言われたことを、自分に一度落とし込んで、「やる」「やらない」を決めることができます。でも自己肯定感が低く、他人軸で生きているときは、この「自分が選択できる」ことに気がつきません。相手の意見に振り回され、相手の選択で生きています。そして**自分が変わることを恐れ、相手を変えるために無意識にコントロールしようとしていることがあります。**

実は私も若いころ、自分に自信がなかったときは、交際中の彼氏に依存していました。当時の彼氏に言われていたのが「うざい」「しつこい」「重い」「めんどくさい」。今、思い出してもなかなかひどいですよね（笑）。

でも、思い当たる節はありました。私はよく「車で送ってくれる？」と、言いながら、相手の愛情をどこかで測っていたのです。彼が思い通りに動いてくれなければ、「愛されていない」「私を好きじゃないんだ」と、いつも悲しい気持ちでいっぱいになっていました。

車で送ってくれないというだけで悲観的になっていたので本当に面倒臭く、うざい女だったと思います。今の夫と付き合い始めてからも同じようなことがあり、ついに「私、何でこんなことをしてるんだろう」と我に返ったのです。

✦「幸せになる」と決めた瞬間から波動が動き出す

付き合う相手が変わっても、いつも別れるきっかけは同じ。

「何でいつも同じこと言われるんだろう」「何でこんな扱いされるの？」と思ったら、「もういい加減、こんな生き方はやめよう！　まずは私を大切にしよう！　私を大切にしてくれない男はいらない！　私を振る男はこっちから願い下げ！　私はどうなっても幸せになる！」と、心に決めることができたのです。

その途端、彼との付き合い方も変わりました。別れた時期もありましたが、なんと復縁して結婚。彼自身も別人のように優しくなり、意識しなくても「愛

されている、大事にされているな」と実感できる日々を送れるようになったのです。でも、よくよく考えたら変わったのは彼ではなかった。以前の彼の態度は「私がしてほしいことをやってくれていただけ」で、すべて私が仕掛けていたことでした。あのとき「自分を大切にして幸せになろう！」と、行動を変えたのは自分だったのです。

今、辛い、報われない恋愛をしている人は、**相手に軸を置かず、「自分を大切にする」と決めること**です。そう決めた瞬間から、幸せな恋愛に向かって波動が高まり始めます。

本音で生きて愛され体質に♡

パートナーと良好な関係を築くためには「本音」で話すことが一番です。

「本音を言ったら傷つけちゃうし、嫌われないかな」と思っている人は、本音の意味を正しく理解していないかもしれません。

本音を「言いたいことを言うこと」だと思っていませんか？

本音とは、相手のことを思う「自分の想い」です。

本音を伝える際は、相手に対して愛情があることが大前提です。 嫌いな相手や、どうでもいい相手には、そもそも自分の想いを理解してもらう必要なんてありませんから、本音で話す必要もありません。**「自分が愛情を持っている相手」に、「自分の気持ち」を伝えることが本音で話すということです。**

「あなたのことが好きだから、もっと一緒にごはんを食べたい」

「あなたのことが好きだから、もっと一緒にいる時間を共有したい」

「あなたのことが好きだから、もっと一緒に出かけたい」

など、「好き」という前提をもって話せば、相手も悪い気はしません。

本当は愛しているのに、爆発寸前まで我慢してしまうことで、

「どうして夕飯くらい一緒に食べてくれないの？」

「仕事ばっかりで、私のことなんてどうだっていいのね！」

「なんでどこにも連れて行ってくれないわけ？」

と、拗《す》ねたり、愛情を怒りに変えてぶつけてしまったりするのです。言いたくなる気持ちは痛いほどわかります。私も過去はそうだったから。

自分の気持ちをいつでも、どんなときでも本音で話せるようになれば、そうした我慢をすることも、ストレスを溜めることもなくなります。お互いの波動を下げることなく高め合って、今よりずっとラクに、より良いパートナーシップを築けるようになり、大事に愛されるようになっていきます。

「我慢」をやめればハッピーオーラが花開く

パートナーとはもちろん、家庭のなかでも「本音」で話すことは大事です。

その対極にあるのが「我慢をする」こと。特に女性の場合、これまでの時代を見てみても、我慢をしてきた歴史があります。

「私さえ夫の言うことを何でも聞いていれば、家族みんなが幸せになれる」

「私さえ寝る間も惜しんでみんなのために働けば、幸せになれる」

「私さえお母さんの思い通りにしていれば、お母さんは喜んでくれる」

こんなふうに責任を一人で背負い込んで我慢をしている限り、波動は下がり続けます。

私自身の結婚・子育てを振り返ってみると、実は大変だったという記憶がほとんどありません。

そう言うと、「家事や子育ての才能があったんでしょ？」「そうやって、なんでも要領よくできる人が羨ましい」なんて、思われるかもしれませんが、そんなことは全然ありません（笑）。むしろ家事は好きではありません。

そんな私が子育てを辛いと思うことなく、むしろ楽しむことができたのは、周囲のサポートに頼ったからです。親や妹は喜んで子どもの面倒を見てくれましたし、夫も当時では珍しいイクメンだったので、率先して子育てに参加してくれました。

環境に恵まれていたと言えばそれまでですが、**当時から私が大事にしていたのは「育児を一人で抱え込まず、いかに楽しくするか」ということ**。「頼るからよろしくね」と、最初から家族みんなに伝えていました。

子育てのために実家の近くに引っ越して、周囲に頼れる部分は頼りながら、出産後も仕事を続けたことで、育児のストレスを仕事で、逆に仕事のストレスを育児で和らげながら、自分にとってちょうどいいバランスを見つけることができたのです。

完璧主義で何でも上手にこなせる人ほど、「一人でやり切らないと」「私がちゃんとしなきゃ」と、自分で自分を追い込みがちです。

でも、**周囲のサポートを頼っても、子どもはちゃんと育ってくれます。**

何事も「私さえ我慢すれば」「ねばならない」という考えからは、幸せは生まれません。

「自分でなんとかしないと」と、イライラしたり追い込まれたりしたときは一呼吸。周りを見渡して頼ってみましょう。

✦幸福な家庭にはお母さんの幸せがマスト

高い波動を持つお母さんがいる家庭は、たいていうまくいきます。

家庭内での女性の影響力は想像以上に大きいですし、妻が楽しくしていることは、夫にとっても「自分が彼女を幸せにしている」という自信につながります。逆に、「自分の妻が幸せそうじゃない」と感じると、夫の波動は下がってしまいます。もちろん仕事に影響することも……。

大切なことは、お母さん自身が気分良く、波動を高めていられるように意識することです。仕事でもいいですし、趣味など、ワクワクしたりときめきを感じられたりすることなら何でもOKです。

自分の人生を楽しめるようになれば、相手の人生も応援できます。

自分ばっかり苦労や我慢をしていると思うと、相手の人生を応援できないどころか、ちょっと楽しそうにしている姿すら許せなくなります。

お母さんが辛そうだと、家族みんなが気を遣ったり、無理をしたりと次第に家庭内の歯車も噛み合わなくなってくるもの。

家族のことを大切にしつつ、仕事や趣味を追求して、自分自身の幸せをつかんでください。もちろん、それはお父さんも同じです。

家族みんなが幸せに過ごす、波動の高いファミリーでいられるよう、特に女性には常に楽しく生きてほしいと思います。

子どもには「心配」ではなく「大丈夫！」のエネルギーを

子育てでは、子どもと一生懸命に向き合えば向き合うほど、子どものことが心配になりますよね。私自身の経験を振り返ってみても、その気持ちはよーくわかります。特に子どもが小さいうちは「大丈夫かな？」「一人でできるかな？」ととても心配になります。

でも、実は波動の観点から見ると「心配」は低い波動に振り分けられます。

「心配」というエネルギーを受けた子どもは、「自分は親に信頼されていないんだ」と無意識に感じて、余計に心配させるようなことをしてしまうんです。

子どもに心配のエネルギーを送らないためにも、まずは「自分を信じる」ことから始めましょう。子どものことを信じられないのは、自分を信じられないからです。でも、母親のあなたは子ども時代を過ごして現在まで、しっかりと生きてきましたよね。**自分がこれまで生きてきた経験を信じることができれば、「私もこうやって生きていた。この子も大丈夫」と思えるようになります。**

そして第一に、子どもの生命力、才能、パワーをすべて信じてあげてください。それらを引き出してあげようと、あれこれ手を出したくなる気持ちは痛いほどわかりますが、**子どもの能力を引き出すための一番の方法は、とにかく「信じて見守る」ことです。**

自分の力で歩こうとしている子どもに手を差し伸べてしまうと、いつまでたっても一人で歩けるようにはなりませんよね。手を差し伸べたくなるのは自分の心配を解消したいからなんです。一人で立つためには転んだり、つまずいたりしても、とにかく信じて見守ってあげることが大切。

もちろん、子どもに生命の危険や何かがあったときは別です。誰かの力を借りてでも、全力で支えてあげてください。

声を掛けるときは「あなたのことが心配」と言うのではなく、「あなたなら大丈夫」と伝えると、子どもは自信を持って育っていきますよ。

波動が上がれば人間関係も変わっていく

波動が上がるときには、これまで良好だった人間関係に変化が現れます。
具体的には、

・今まで仲が良かった友達と、急に話が合わなくなる
・仲良しグループといても、みんなの話題に興味が持てなくなる
・会う約束をしても、急な予定やトラブルが入って会えなくなる
・そもそもスケジュールが合わない

これらはすべて、**波動が高まって次のステージに移ろうとしているサインです。波動が上がったことで、これまで仲が良かった友達と波動が合わなくなってしまったのです。**

だからといって、不安になることはありません。なぜなら成長するためには避けられないことだからです。そこで怖がって立ち止まってしまうと、せっかく上がっていた波動も、その地点で止まってしまいます。

決して、どちらかの波動が良いとか悪いとかではありませんからね。

今はただ、波動が合わなくなっただけのこと。

生きている限り波動は変化しますし、どちらかの波動が変わって同じ高さで重なり合えば、また巡り合えます。

そうした経験は一度だけでなく、波動が上がるにつれて増えていきます。

ひとつの関係が終われば、必ず次の出会いがありますから、いつまでも同じ相手や仲間に執着する必要はありません。

ただ、波動が変わっても、ずっと続いていく関係もあります。

パートナーとの関係同様、一緒に学んだり、お互いに刺激し合ったりすることで、波動を高め合っていける場合です。そういう貴重な関係を大切にしつつ、たくさんの新しい出会いをぜひ楽しんでくださいね。

Work 4

家族やパートナーとできる

波動アップのワーク

✦ 夕食時など、家族が集まったタイミングで今日一日を振り返り、自分の周りに起きたうれしかったことをお互いに報告し合いましょう。

※一人の場合はここに書き出してみましょう。

例）満員電車で座れた。／今日一日、健康に過ごせた！

✦ そのことに対し、誰に感謝の気持ちを伝えたいですか？　実際に言葉に出して伝えてみましょう。

例）座っていた若者が席を詰めてくれたおかげ。／健康に過ごせたのは家族で食べるおいしい料理があるから。

✦ そこから得た気づきはありますか？　お互いに話してみましょう。

例）お年寄りがいたら席を譲る。／早く寝て規則正しい生活を送る。

Chapter 5

今日から始める
波動アップのための
幸せルーティン

波動アップ習慣でよりワクワクする毎日に♡

日常生活のなかにも、波動を上げるコツはたくさんあります。

これまでお話ししてきたように、波動が最も影響を受けるのは感情、つまり「心」です。自分の心が元気に、楽しくなることであれば習慣として取り入れて、どんどん波動を上げていってくださいね。

反対に、**雑誌やテレビでどんなに「イイ！」と言われているものでも、自分の心が惹かれないものであれば、無理に取り入れる必要はありません。**

大切なのは、自分の心が欲しているかどうかです。

もし、「最近、波動が停滞しているかも」と感じているのなら、新しいことにチャレンジしてみるのもおすすめです。

難しく考えないで、

・いつもより、ちょっといい化粧品やボディケア用品を使ってみる

・新しいお店に行ってみる

・前から気になっていた習い事を始めてみる

・「月1回は映画館に行く」など新しい習慣をつくってみる

など、とにかく楽しく続けられることを探してみましょう。

これから紹介するのは、私が普段から日常生活に取り入れている波動が上がるルーティンです。どれも簡単に始められるものばかりなので、興味を持ったものがあればぜひマネしてみてください。

やってみて、「やっぱり自分には合わないかも」と思えば、そのタイミングで即やめてしまってOK。

実際に行動することから「自分はこういうものが好きなんだ」「案外、苦手かも」と見えてくる部分があります。

自分にとってベストな波動アップ習慣を見つけてくださいね。

波動が上がる
Routine 1

食事

手作り・外食・中食…
「自分を喜ばせる」
という観点から
好きなものを選んで。

✦ 旬のものをいただく

旬のものは栄養価もエネルギーも高いため、積極的に摂りましょう。レストランや旅館などで、旬の素材を活かしたコース料理を味わうのもおすすめです。

✦ 腹八分目を知る

つい「お腹いっぱい」まで食べたくなりますが、満腹はお腹にとっては苦しい状態。自分の体の声に耳を傾け、適量でストップすることを心掛けましょう。「腹八分目」を意識すれば運動をがんばらなくても痩せられますし、体もラクになるはずです。

✦「値段」で買わない

食材やお惣菜を買うとき、「半額だからこれでいいか」というような選び方をしていませんか？　値段を見る前に、「おいしそう」と思えるものを選ぶようにしましょう。小さなことですが、自分の「好き」を知る一歩になります。

波動が上がる
Routine 2

睡眠

魂の世界への
里帰りタイム。
質を上げることで
翌朝の波動アップ！

長時間睡眠で情報収集

睡眠中は魂の世界に戻って情報収集をしています。迷っていること、知りたいことがあるなら、しっかり眠ったほうが多くの情報をインプットできます。「どうすればうまくいくかな？」などと考えながら眠ると、目覚めたときにひらめきが得られやすくなりますよ。

妄想から夢の世界へ

ワクワクすることを考えながら眠りにつくと、朝から楽しい１日になることも。反対に「どうしてお金がないんだろう」などとネガティブなことを考えていると、不安が潜在意識に入り込んでしまいます。「思っていること＝望んでいること」として引き寄せるので、「リッチになったら何をしよう？」など、楽しい妄想をしながら眠りにつきましょう。

自己ベストを知る

最適な睡眠時間は人それぞれ。「今日は目覚めがいいな」と感じたら、そのときの睡眠時間を覚えておきましょう。ちなみに私はしっかり寝るロングスリーパー。家族からも「よく寝る人」と思われています（笑）。

波動が上がる
Routine 3

掃除

居心地や清潔感は
場の波動を左右します。
掃除が苦手な人も
無理のない方法を見つけて。

便利グッズに頼る

大切なのは、いかに自分も家族も気分良く、快適な空間をつくれるかということ。最近ではお掃除ロボットなどの便利なツールや家事代行サービスが充実しています。自分に合ったものを活用しながら、浮いた時間を趣味や仕事などに有意義に活用するのもいいですね。

強迫観念は手放して

家のなかが整理整頓されているからといって、波動が上がるとは限りません。「常にピカピカにしないと！」という強迫観念から掃除をしていても波動は上がらないどころか、むしろストレスや不安によって下がってしまいます。清潔感を保つことは大事ですが、無理のないペースで続けましょう。

得意分野をつくる

掃除が好きではなく、基本は夫にお任せしている私ですが、トイレ掃除だけは自ら率先して行います。理由は「目に見えてキレイになるので気持ちがいいから♪」。そうした「自分の得意分野」が見つかると、無理なく楽しく掃除ができて、波動もアップします。

波動が上がる
Routine 4

住まい

建物や部屋はもちろん、
街全体から感じる
波動との相性を
肌感覚でチェック。

湿気は波動ダウン

波動を下げる家の特徴のひとつが「湿気」。昔、ある家に引っ越した途端、波動も運気も思いっきり下がったことがありました。おしゃれなデザイナーズマンションで日当たりもいいのに、なぜか部屋中がカビだらけ……。その後、再び引っ越しをしたら、波動も運気も無事、元通りに上がりました。

引っ越しSTOPのサイン

私は引っ越し先を選ぶときは、必ず家族全員で内見に行き、全員がイエスと言うところに決めます。物事がスムーズに進まないときは「やめたほうがいい」というサイン。以前、ある物件を見に行ったときに当時3才だった子どもが突然、訳もなく泣き出したことがありました。普段はほとんど泣かないのに、と不思議に思って契約をするのは見送りました。

物件の肩書きに惑わされない

「場」の波動は、実際にそこに行ってみないことにはわかりません。街を散歩してみるほか、内見したときに感じる「なんとなく落ち着く」「ピンとこない」といった感覚を大事にして。マンションだったら「デザイナーズ」などの肩書きに惹かれがちですが、必ず自分の肌感覚で選ぶようにしましょう。

長く愛せるような
お気に入りのものに
囲まれて暮らすことは、
波動アップに効果的。

波動が上がる
Routine 5

インテリア

断捨離のススメ

気に入らないものが家のなかにある人は、思い切って断捨離を。捨てることで気持ちがスッキリすると波動も上がります。「捨てられない」という人は、なぜ捨てたくないのか自問しましょう。「もったいない」「なくなったらどうしよう」という不安から溜めているなら、お金に対する不安と関係しています。P.148 の Routine10 を参考にしてください。

「とりあえず」はNG

いつも視界に入るものが、お気に入りのものだと波動は上がりますが、反対に気に入らないものだと波動は下がります。お気に入りのものに囲まれて暮らすためにも、「とりあえず安いから」「とりあえず必要だから」といった「とりあえず買い」を控えましょう。

好きなものは変わる

自分の「好き」は変わります。今までいいと思っていたもの、好きだと思っていたものが変化したら、ステージが変わる、もしくは変わったサイン。心に従って、そのときの「好き」を感じて選んでいくと波動が上がりますよ。

一日の疲れとともに
ネガティブな感情など、
波動が下がる原因も
洗い流しましょう。

波動が上がる
Routine 6

バスタイム

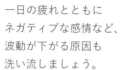

体に感謝

一日中、ずっと活動してくれている体に対し、感謝と労わりの気持ちを持ちましょう。「今日もありがとう」と体に語りかけるように、丁寧にボディケアをすることで波動が上がります。

たまには温泉も◎

毎日のバスタイムを充実させるほか、疲れが溜まっているときは温泉へ。泉質によって特徴や効能が異なるため、お気に入りの温泉を見つけるのもおすすめ。自分に合った泉質の温泉に浸かると、驚くほど疲れが取れて、体がラクになりますよ。

穢《けが》れを落とす

バスタイムは「浄化」の時間でもあります。疲れている日は、つい「面倒くさいな」と思ってしまいがちですが、その日の穢れはその日のうちに落として。穢れと一緒にネガティブな感情も手放す感覚で洗い流しましょう。

波動が上がる
Routine 7
ファッション・メイク

おしゃれを楽しむ人は
自分のことを
あと回しにしない人。
楽しまなきゃ損です！

お家時間もメリハリを

一日中パジャマのまま過ごしていると、気持ちもずっとスリープ状態になりませんか？　のんびり過ごしたい日に部屋着なのはOKですが、リモートワークなど、「家にいても気合いを入れたい！」という日は、きちんとした服装に着替えることで気持ちのON/OFFも切り替えられます。元気がないときもお気に入りの服を着て、メイクをしてみると波動が上がりますよ♪

おしゃれを楽しむ

年齢が上がるにつれ、服を選ぶ際に「無難なもの」「体型がカバーできるもの」といったポイントを重視しがちですが、波動を高めるなら気分が上がるかどうかが重要。アクセサリーひとつをとっても、身につけるだけで元気になるような、本当に気に入ったものを選ぶようにしましょう。

上質な自分を先取り

たまにワンランク上の「ちょっといいもの」を取り入れることで、「それにふさわしい自分」になろうと波動が引き上げられます。手の届く範囲でいいので、ファッションから上質な自分を先取りしましょう。デパートなどでラグジュアリーな雰囲気を味わうだけでも、波動が上がるのでおすすめです。

波動が上がる
Routine 8

ボディケア

髪や体の艶感は
波動アップだけでなく、
金運アップにも効果的。
感謝を込めてケアを。

体をほぐして労わる

好きな香りのマッサージオイルなどを使うと気分が上がります。自分の体に手をかけてあげる意識で、ちょっと奮発してみるのも◎。「こんなに高いものを使っていいのかな？」などと不安に思わず、いつもがんばってくれている体を労わるつもりで使いましょう。

勝負下着は赤

下着は直接、体に触れる身近な存在のひとつ。適当なものを身につけることは、自分の体をないがしろにすることにつながり、波動もダウン。チャクラの観点から見ると、ショーツのあたりには第一チャクラの「赤色」のエネルギーがあります。赤色の下着は波動アップのほか、勝負運にも効くので、私も「ここぞ」という日には身につけるようにしています。

自撮りでチェック

自分の体を知るために便利なのが､スマホの自撮り。「鏡でも見られるんじゃない？」と思うかもしれませんが、鏡だと左右逆になりますし、どうしても主観が入ってしまいます。画像として見ることで「もっと二の腕を鍛えよう」「ショートカットのほうが似合うかも」などと自分を客観視できますし、気づきも得られるはず。

波動が上がる
Routine 9

デジタル機器

ツール自体はもちろん、
そこから得られる
情報との付き合い方も
波動に影響します。

✦ デジタルデトックス

ときには情報をシャットダウンする時間をつくることも大事です。SNSなどは「5分おきに見てしまう」という人も多いと思いますが、たくさんの情報に触れるなかで、無意識のうちに人と比べて落ち込んだり、必要のないものまで欲しくなったりしている可能性アリ。いつでもどこでも触れられるからこそ、あえて「触れない時間」を設けましょう。

✦「遅い」はNG

「パソコンの起動が遅い」「ネット回線が遅い」など、遅いものはNG。待たされてイライラしているときの感情が、波動を下げてチャンスを遠ざけます。変化の波に対応するためにも、スピーディさはマストです。

✦ 最新機種を使う

起業している方なら、最新のものを使うことをおすすめします。最新のものは、やはり機能が良いので「仕事の質」が変わります。私も何度か「早く替えれば良かった」と思ったことがありました。ツールは最新モデルをチェックしてくださいね！

依存したり
散財したりせず、
正しく付き合うことで、
波動も金運もアップ！

波動が上がる
Routine 10

お金

払えることに感謝

お金を気持ち良く払うと波動が上がります。反対に「お金がなくなる」「また散財しちゃった」と不安や罪悪感を持つと波動は下がります。税金などもそうですが、支払うお金があるから請求がくるのです。払えることへの感謝と喜びをもってお金を使いましょう。

支払いをあと回しにしない

何かを「申し込んだ」「注文した」にもかかわらず、無断で支払わなかったり、支払いをあと回しにしたりすると、お金が「循環しない」「入ってこない」流れを生みます。相手の人や会社に手間をかけさせてしまい、時間やエネルギーを奪う行為だからです。信用がどんどん落ち、波動も下がり、お金も入らなくなる行為ですから、支払いはすぐにしましょう。

見栄で奢らない

気持ち良く払うことは大事ですが、お金がないのに見栄やプライドから人に奢ると波動は下がります。「自分を大きく見せたい」ということですから、裏を返せば自信のなさの表れでもあるのです。

✦ 寄付をしてみよう

「金は天下の回りもの」と言いますが、人のために使ったお金は、いずれ自分のところに返ってきます。日本には寄付という文化が、まだあまり根づいていませんが、「寄付をしたことで自分にもお金が入ってきた」という人はけっこういます。少額でも良いので、ぜひ寄付をする習慣をつくりましょう。

✦ ストレスからの衝動買いはしない

衝動買いをしてしまうことは誰にでもありますよね。ときめくものに出会い、衝動買いできたら喜びは増します。しかしストレスから衝動買いをしても、そのストレスを一瞬和らげるだけ。購入後の罪悪感により、また波動が下がり、お金をなくすだけの行為に。ストレスからの衝動買いをしていないか、自分の心をチェックしてくださいね。

✦ お金のブロックを外す

お金に対して「汚いもの」「人をダメにするもの」といったネガティブな感情を抱いている人は、心にブロックが掛かっている可能性があります。お金はあくまでも手段です。「どう使うのか」「何に使うのか」といった点に目を向け、自分を幸せにし、人の役に立つものであるという認識を持つことが大切です。ブロックを外すための一歩として、自分がお金に対してどう思っているのか、心と向き合ってみましょう。

Chapter 6

見るだけで高まる&整う絶対おすすめ！パワースポット

定期的に訪れて、波動のメンテナンスを

私たちは、自分では意識していなくても、毎日さまざまなストレスを感じながら生活しています。

・やりがいはあっても、忙しすぎる仕事
・本当はゆっくり味わいたいけど、時間がなくて慌ただしく済ませるお昼
・家事や育児に追われて、溜まっているドラマや積読している本

日常的によくあることなので、改めて「辛い」「ストレスだな」と意識することはないと思います。

でも、**心や体には着実にストレスが溜まっていきます。それに伴い、波動も上がりにくくなってしまうのです。**

「最近、働き詰めで疲れが溜まっているかも」

「たまにはどこかに出かけてリフレッシュしたい！」

そう思ったら、心が「そろそろパワーチャージが必要ですよ！」とアラームを鳴らしているサイン。

そんなときにおすすめなのが、パワースポットです。


地球は大きな磁石です。常に強い磁気を発していますが、その影響を受けないのがパワースポット。

パワースポットに行くと、心も体もラクになりますが、それは私たちの不安定な波動を一気にフラットに戻してくれるから。

定期的にパワースポットを訪れることは、気分をリフレッシュすることはもちろん、波動のメンテナンスという点でもおすすめです。

無意識のうちに心のなかに溜まっていたネガティブな感情を、きれいさっぱりデトックスすることで波動を整えましょう。

チャージ前のデトックスでネガティブを洗い出す

パワースポットに行った人から、

「なぜかわからないけど、到着した途端に気分が悪くなった」

「突然、過去のイヤな記憶がよみがえって、悲しくなった」

など、戸惑った経験をしたという話をよく聞きます。

実はこれ、パワースポットの効果がちゃんと表れている証拠。

「えっ？　パワースポットって、波動をフラットに整えてくれる場所なんじゃないの？」

と思った方、その通りです。**フラットにするために、心のなかに溜まっていたネガティブな感情を一気に吐き出すことがあるのです。**

私もパワースポットに到着した前後には、なぜかイヤな気持ちになったり、トラブルが起こったりします。

「どうして、こんな大昔のことを思い出したんだろう？」と、自分では終わったことだと思っていた過去の出来事を思い出すこともあります。そういう場合は、自分の気持ちとじっくり向き合うことが大切です。

「まだ自分のなかに、こんなわだかまりが残っていたんだな」と気づくことで、ネガティブな記憶の「みそぎ」をすることができます。

ネガティブな思いが強い場合は、デトックス期間が数日間続くことも。

波動をフラットにするための大事な時間ですから、無理に抑えようとせず、湧き上がってくる思いと向き合いながら、客観的に自分の感じていることを見つめてみましょう。そのほうが考えないようにしたり、なかったことにしたりするより早く終わります。

一旦ネガティブが押し出されたあとは、エネルギーが満ちあふれてきますから、焦らず、じっくり、みそぎの時間と向き合ってくださいね。

ふと気分が向いた場所が、呼ばれている場所

行先を選ぶときは、自分の直感を大事にしましょう。

ふと「ここに行ってみたいな」と思ったところが、呼ばれている場所です。

パワースポットには相性もあるので、自分に合うかどうかは実際に行ってみないとわかりません。

自分の「気」に合っている場所であれば、

・「行きたい」と思ってから実際に訪れるまでの時間が早い
・訪れたときに心が澄み渡るような、清々しい気持ちになる
・「また来たい」と自然に思える

といったサインが現れます。

反対に「気」が合わない場所だと、
・着いたら体調が悪くなる
・訪れたときに、なんとなくイヤな気を感じる
・早くその場から立ち去りたいと思う
といったサインが現れます。

ただ、「今の自分」には合わないだけで、また自分の波動や時期が変われば合うときがくるかもしれません。一度ダメでも、忘れたころにまた訪れたくなったら、再チャレンジしてみるのもおすすめです。

パワースポットは、行先が遠ければ遠いほど、たくさんのエネルギーをチャージできます。目安としては30キロ以上離れたところに行くと、効果を実感しやすいです。

時間帯は、できれば人が少ない午前中がおすすめですが、前日の予定や体調によっては難しい場合もあると思います。そういうときは体の声に耳を傾けて無理をしないこと。体が疲れ切っているなら、ぐっすり寝て、体調を万全に整えてから訪れたほうが波動アップに効果的です。

エネルギーを「奪う」のではなく「味わう」

ネガティブな感情をデトックスしたあとは、いよいよパワーチャージ。

でもちょっと待って。「彼氏ができますように！」などと、お願いをしていませんか？　パワースポットを「願いが叶う場所」だと思って、お参りやお願いごとをしている人も多いようですね。

でも、**パワースポットは本来、その場のエネルギーを味わう場所です**。

「こんな素敵な場所に来られてうれしい♡　ありがとうございます」

と感謝の気持ちを抱きましょう。

神社などの場合、つい「神頼み」をしたくなる気持ちもわかりますが、**神社も本来は宣言や感謝をするための空間です**。縁結びの神様であれば、「素敵な

彼と出会えますように」ではなく、
「素敵な彼と出会って年内に結婚します！」
というふうに、決意表明に変えましょう。

たまに、**神社の境内で20分以上ずっとお祈りをしている人がいますが、その場を独占する行為でもあり、他の方からすれば「参拝できない」「待たされる」ことになり、ネガティブな波動につながるのでNGです。**

特にテレビなどで紹介された人気スポットには、みんなの「夢を叶えてほしい！」
という「欲しい」＝「奪う」エネルギーが充満している場合があります。パワーチャージをするつもりで訪れたのに「奪う」エネルギーに触れて、かえって疲れてしまうということも珍しくありません。

人気のスポットでいつも混んでいるような場所には、結界を張るイメージでお塩を持っていきましょう。

旅先のお金は、その土地を「潤す」つもりで使う

旅先では、お金をケチらず、気持ち良く使うことも波動アップのポイントにつながります。

素晴らしい場所に来させてもらった感謝をしながら、旅を楽しむ気持ちで使ったお金は、再び自分のもとに巡ってきます。

自分に無理のない範囲で、その土地を潤すつもりで使いましょう。

食事なども、その土地の旬の食材を活かした、ちょっと贅沢なコース料理を味わうことで、体の内側からエネルギーをチャージしましょう。

日常生活にも言えることですが、パワースポットを訪れた際には、特に自分

の五感を研ぎ澄ませることが大事です。

・神社に行ったらご神木に触れてみる（そばでエネルギーを感じるのもＯＫ）
・旬の味覚を味わう
・美しい景色を目で楽しむ
・街なかでは味わえない水のせせらぎに耳を澄ませる
・森林のなかで木々の香りを吸い込む

など、五感をフル活用することで波動がフラットになっていきます。

特に普段から、「我慢しがち」という人は心にふたをしながら生きている可能性があります。パワースポットで五感を研ぎ澄ませることで、麻痺していた自分の感性や「好き」という気持ちが戻ってくるはずです。

波動がフラットになった状態で周りを見てみると、自分が本当に求めていること、必要なものがクリアになって、人生の目標なども見えてくるはずです。

次のページから、私のおすすめスポットをご紹介します。見るだけでも波動が上がるので、「パワーが足りてない」と感じたら、ぜひ眺めてみてください。

豊かな自然に囲まれた、
元祖パワースポット。

Power Spot 1

繰り返し
通いたい聖地

ハワイ

Hawaii

ハワイには、すべてのものに「マナ」と呼ばれるエネルギーが宿っているという言い伝えがあります。実際にとても波動が高く、ポジティブなエネルギーに満ちあふれています。穏やかな気候のなか、気持ちが和らいでしっかりとパワーチャージできるので、またすぐに行きたくなってしまいます。

ハワイ全体がパワースポットとも言われていますが、特におすすめなのがハワイ島。空港を降りた瞬間から波動が変わり、神聖なエネルギーを感じることができます。

ほかにもオアフ島の、ハワイ神話の火の神に由来する奇岩「ペレの椅子」も強く澄んだエネルギーが流れていておすすめ。ハワイの聖地を訪れる際には、その土地特有の伝統的なルールがあるので、きちんと確認しておきましょう。

こんなな人にオススメ

- 運気の流れを大きく変えたい人。
- 神話が好きな人。
- 海外で新しい自分を見つけたい人。

Power Spot 2

行く度に
生まれ変わる

〒905-1422　沖縄県国頭郡国頭村宜名真1241

大石林山

Daisekirinzan

パワースポットのなかには、生きながらに「生まれ変わる」ことができる場所があります。そのひとつがこちら。昔から聖なる地として伝えられてきた、沖縄県のやんばる国立公園内にあります。

ここでは奇岩や巨石、亜熱帯の森など、琉球神話が息づく大自然が味わえます。

私自身、2015年にはじめて訪れたときから、人生が大きく変わったと実感しています。夫と二人で訪れたのですが、過去のネガティブな感情が一気に浄化され、波動がフラットになっていくのを夫婦で体感しました。

当時の写真を見返すと、龍神や精霊が写っているなど不思議なことばかり。

今でも自分が大きく変わりたいとき、しっかりとパワーチャージしたいときには必ず訪れます。

こんな人にオススメ

- 自分を大きく変えたい人。
- 過去の悲しい出来事が忘れられない人。
- 自然のパワーに癒されたい人。

〒901-0616　沖縄県南城市玉城字前川202

Power Spot 3

大樹が見守る
精霊の住処

ガンガラーの谷

Valley of Gangala

数十万年かけて作られた鍾乳洞が崩壊してできたガンガラーの谷。太古の日本にタイムスリップしたかのような、神秘的な原生林が圧倒的なエネルギーで私たちの波動をフラットにしてくれます。

特に圧巻なのが高さ20メートルもあるガジュマルの樹。はじめて訪れた人が、「わあ！」と感嘆の声を上げるほどの美しさです。

ガジュマルの樹をはじめ、この谷にはたくさんの精霊が宿っていて、私が入り口で撮影した写真にも写っていました♪（写真中央と上部の白いぼんやりとした丸いものです）

谷には、女性の神さまと男性の神さまがそれぞれいて、女性の神さまに会うと子宝や安産に効果があると言われています。※入場には、有料のガイドツアーへの参加が必須となります。

こんな人にオススメ

- 太古の神秘に触れたい人。
- 子宝や安産に期待したい人。
- 精霊に癒されたい人。

Power Spot 4

見るだけで
パワーアップ

「見ると縁起がイイ♡」
と言われている逆さ富士。

富士山

Fujisan

長野県の分杭峠《ぶんくいとうげ》、石川県の珠洲岬《すずみさき》と並ぶ日本の三大パワースポットのひとつです。私は、

「ちょっとパワーが足りないな」

「そろそろパワーをチャージしたいな」

と思ったとき、富士山のパワーをお裾分けしてもらいに行きます。といっても登るわけではなく、富士山になるべく近い宿に泊まります。そこで富士山を眺めながらベランダでのんびり過ごしたり、露天風呂に浸かったりして日頃の疲れを癒します。それだけでもグッと波動が上がるんですよ♡

写真の逆さ富士は、なぜかホテルのスタッフの方が私にだけ「ここから見られますよ」と声を掛けてくださって撮れたもの。

写真を見るだけでも波動が上がるので、みなさんも疲れたときはぜひ眺めてみてくださいね！

こんなな人にオススメ

- ✦とにかくパワーチャージをしたい人。
- ✦富士山の大らかなエネルギーを感じたい人。
- ✦シンプルに日頃の疲れを癒したい人。

〒403-0006　山梨県富士
吉田市新屋 1230
（写真は新屋山神社本宮）

Power Spot 5

富士二合目の
金運スポット

新屋山神社
Arayayamajinja

別名「金運神社」とも呼ばれるほど、強力な金運エネルギーを持つ神社です。

富士山の麓にある本宮のほか、富士山二合目に奥宮があります。どちらも強力なパワーを放っていますが、より強いパワーを感じられるのが二合目の奥宮です。

私自身、はじめて奥宮を参拝したあと、驚くほど仕事が忙しくなりました。それ以来、今でも毎年通っています。

というのもこの神社には、定期的に浴びたくなるような、何とも言えない心地良いエネルギーが漂っているんです。

みなさんにもぜひ体感してもらいたいので、金運アップや商売繁盛を期待したい方は、訪れてみてくださいね。

こんな人にオススメ

- 金運アップをしたい人。
- 商売を繁盛させたい人。
- 富士山の荘厳なエネルギーに触れたい人。

Power Spot 6

不思議な声に
導かれる
杜の井戸

〒151-8557 東京都渋谷区代々木神園町1-1　明治神宮内

清正井

Kiyomasanoido

明治神宮内にある、加藤清正が掘ったと伝えられている都内有数の湧水です。

こちらも一時期は毎月通っていたほど、私の大好きなパワースポットです。

場所は明治神宮の御社殿南側に広がる御苑のなか。まずは拝観料を納めて、しばらくまっすぐ歩いたのち、右のほうへ。この辺りから波動が高くなるのを感じ、声が聞こえてきます。その声と対話しながら、清正井まで歩いていくのが、私のいつものコースです。

この声にどれだけ励まされ、うまくいくほうを選択できたことか、数え切れないほどです。

はじめて清正井を訪れたあと、当時手掛けていたビジネスが飛躍的に成長しました。それ以降も、ここではよく不思議な体験をします。

こんな人にオススメ

- 進むべき方向に迷っている人。
- 商売を繁盛させたい人。
- 都会のオアシスで癒されたい人。

〒150-0002　東京都渋谷区渋谷1-12-16

Power Spot 7

街なかに佇む金運スポット

宮益御嶽神社

Miyamasumitakejinja

正直にお話しすると、本当は誰にも教えたくない私の「隠れパワースポット」(笑)。ですが、今回はみなさんのために特別にご紹介します。

渋谷駅からほど近い、宮益坂にある神社。都会のど真ん中にあるにもかかわらず、不思議といつ行っても混み合うことはなく、境内にはとても静かでいい気が流れています。

まずは本殿にご挨拶してから、境内のなかにある「宮益不動尊」へ。別名「炙《あぶ》り不動」とも呼ばれ、お金を炙ると倍になるとされています。

そのことから商売繁盛にご利益があると言われ、金融関係の方も多く訪れる、金運パワーがとても強い神社です。

お金に限らず「富を増やす」という効果があるため、私も定期的に参拝しています。

こんな人にオススメ

- 金運をアップしたい人。
- お金に限らず、「富」を増やしたい人。
- これから商売を始める人。

Power Spot 8

圧倒的な
浄化力を体感

〒250-0522　神奈川県
足柄下郡箱根町元箱根
80-1

九頭龍神社

Kuzuryujinja

その名の通り、龍神さまを祀ったことが起源とされています。そのパワーは超強力！　霊力も強ければ浄化力も高い、強力な磁場です。

金運アップ、縁結び、開運など幅広いご利益で有名ですが、ネガティブ思考に陥っているときに訪れると、あまりのパワーにエネルギー負けしてしまうことも……。そういう私も、はじめて訪れた際は、めまいを起こしてしまいました（笑）。

ただ、ここのエネルギーを受け止めることができれば、波動はグングン上がっていきます。

「波動を上げたい！」「現状を打破したい」と前向きな気持ちで訪れれば大丈夫。

しっかりとエネルギーチャージができますので、ぜひ龍神さまのエネルギーを体感してみてください。

こんな人にオススメ

- 現状を打破したい人。
- 龍神さまのエネルギーを浴びたい人。
- 金運アップや良縁を期待したい人。

〒 381-4101　長野県長野市戸隠 3506

Power Spot 9

別世界へ誘う
神秘的な門

戸隠神社

Togakushijinja

最初に戸隠神社を訪れたきっかけは、ある日、「戸隠神社に行きなさい」という声が聞こえたからです。実際に訪れてみたところ、神秘的なパワーを感じたので、ぜひみなさんにも体感してもらいたいと思います。

戸隠神社には、奥社・中社・宝光社・九頭龍社・火之御子《ひのみこ》社の五社があります。せっかく訪れるなら、ぜひ五社巡りを。なかでも私のお気に入りは、奥社と中社です。奥社では神秘的なパワーが、中社では力強いパワーが感じられます。

奥社まではけっこうな距離があり、行く途中に「随神門《ずいじんもん》」という立派な門が現れます。この門をくぐると空気が一気に変わり、まるで別世界に足を踏み入れたような気分に。辿り着いたときの達成感もあり、清々しい波動を感じられますよ。

こんな人にオススメ

- 木々のパワーに癒されたい人。
- 神秘的なパワーを体感したい人。
- ハイキング気分で楽しみたい人。

Power Spot 10

呼ばれないと
辿り着けない

〒647-1582　奈良県吉野郡十津川村玉置川1

玉置神社

Tamakijinja

玉置山の頂上近く、標高１０００m付近に鎮座するのが「熊野三山の奥宮」です。

「呼ばれないと行けない」

「ご縁がなければ辿り着けない」

と言われています。私が辿り着いたのも、実は全くの偶然でした。熊野大社に向かう途中の車から、たまたま玉置神社の看板を発見。それを見た瞬間、「ここに行って」という心の声が聞こえ、その声に導かれるままに向かいました。

ここのエネルギーはとても独特で、まるで現実ではない「幻の世界」にいるよう。これまで訪れた神社のなかでも一番厳しさがあり、背筋がピーンと張るようなエネルギーを感じます。

単なる観光やエゴを満たすような祈願が目的だと、辿り着けないと言われているのも納得です。

こんな人にオススメ

✦ 世界平和などの大志を抱いている人。

✦ 自分のためでなく、人のために祈願をしたい人。

✦ 厳かなエネルギーに触れたい人。

〒601-1112　京都府京都
市左京区鞍馬貴船町180

Power Spot 11

龍穴パワーで
恋愛運アップ

貴船神社

Kifunejinja

今から千年前、女流歌人・和泉式部が夫の心変わりに悩んで貴船神社を参拝したところ、無事に夫の愛を取り戻して復縁したそう。そこから復縁や縁結びなど、恋愛のパワースポットとして有名に。

神社の名前からイメージできる通り、ここには気品にあふれた、とても気持ちの良いエネルギーが漂っています。なかでも最もエネルギーが強い場所が、本宮のさらに奥にある「奥宮」です。奥宮の社殿の真下には、強力なエネルギーが集まる「龍穴」があり、「奈良室生」「岡山備前」と並ぶ「日本三大龍穴」のひとつとされています。

奥宮に来たら注目してもらいたいのが「御船形石」。この石の下には、神さまの乗り物である船があると言われていますが、実は宇宙船やＵＦＯがあるという噂も!?

こんな人にオススメ

- 別れたパートナーと復縁したい人。
- 恋愛運をアップしたい人。
- 龍穴のエネルギーを感じたい人。

Power Spot 12

恋愛＆仕事の
縁をつかむ

出雲大社

Izumooyashiro

〒699-0701　島根県出雲市大社町杵築東195

日本神話のふるさとであり、縁結びの神さまとしても有名な出雲大社。

私が訪れた際、偶然にも著名な方がお忍びで参拝されているのを目撃しました。その後、ニュースでその方の熱愛報道を見て、改めて出雲大社の威力を実感しました。

出雲大社は、とにかく何もかもが壮大です。エネルギーもとても大きく、それでいて穏やかで、心がほんわかとして心地良いんです。これが、良縁を呼ぶエネルギーなのかも♡

なかでも、大きな注連縄《しめなわ》には圧倒される迫力があり、荘厳なパワーがみなぎっています。

恋愛に限らず、仕事も「ご縁」から始まるものですから、良いご縁に巡り合いたい人には出雲大社がおすすめです。

こんな人にオススメ

- 恋愛運をアップしたい人。
- 仕事で「ご縁」に恵まれたい人。
- おおらかで優しいエネルギーに包まれたい人。

Power Spot 13

神々が集う
神話の海岸

〒699-0702　島根県出雲
市大社町杵築北稲佐

稲佐の浜と弁天島

Inasanohama & Bentenjima

出雲大社に行くなら、あわせて訪れてもらいたいのがこちら。出雲大社の西側にある海岸で、「国譲り神話」や「国引き神話」などの日本神話にゆかりのあるパワースポットです。

旧暦で10月のことを「神無月」と呼びますが、由来は旧暦の10月10日になると全国の八百万の神が出雲に集まるからだと言われています。

出雲に集まった神々は、人々の「ご縁」を決めるそうですが、その会議場所となるのが稲佐の浜です。出雲大社の本殿ではないんですね。

稲佐の浜で目を引くのが、丸いフォルムの弁天島。古くは「沖御前」と言い、はるか沖にあったそうです。その後、砂浜が広がり、現在では島の下まで歩いて行けるようになりました。日が沈む時間帯が絶景なので、訪れるならぜひ夕暮れどきに。

こんな人にオススメ

- 日本神話に興味がある人。
- 美しい夕日に浄化されたい人。
- 出雲大社を訪れる人。

Power Spot 14

神の島で
美を高める

〒739-0588　広島県廿日市市宮島町1－1

嚴島神社

Itsukushimajinja

私が嚴島神社《いつくしま》を訪れたきっかけは「夢」でした。
ある晩、夢のなかに嚴島神社が出てきたので「これは呼ばれているな」と感じたのです。みなさんも、夢に出てきた場所は「呼ばれている」ということなので、ぜひ足を運んでみてくださいね。

嚴島神社は、滋賀県竹生島《ちくぶしま》の都久夫須麻《つくぶすま》神社、神奈川県江の島の江島《えのしま》神社と並んで「日本三大弁天」と言われています。神社のある宮島は、島全体が「神の島」と呼ばれています。木を切ったり土を削ったりすることで「ご神体」を傷つけないようにと、海上に神殿が建てられたそうです。

その魅力はなんといっても圧巻の美しさ！　嚴島神社を参拝してから、私も自分のなかの美意識がグッと高まったと感じています。美しい景色を目に焼きつけてくださいね。

こんな人にオススメ

✦ 美意識を高めたい人。
✦ 世界遺産を観光しながら
エネルギーをチャージしたい人。

〒882-1101　宮崎県西臼杵郡高千穂町大字三田井御塩井

高千穂峡

Takachihokyo

Power Spot 15

神話の滝で
神秘体験

神の住む町と言われる高千穂町にある、ものすごく美しいパワースポット。神秘的でエネルギーがとても高いのが特徴です。

天照大神《あまてらすおおみかみ》の孫、瓊瓊杵尊《ににぎのみこと》が、神々の住む高天原《たかまがはら》から地上に降り立ったという「天孫降臨」の舞台と言われています。

その際、この地に水がなかったため、天村雲命《あめのむらくものみこと》が再び天上に戻り、水種を移した「天真名井《あまのまない》」から湧き出る水が「真名井の滝」になったと伝えられています。

日本の滝百選にも指定されている真名井の滝は、上から見る景色と、ボートに乗って下から見る景色の両方をぜひ楽しんでほしいです。

一度訪れると「また、あの景色を見たい」「あのパワーを感じたい」と誰もが思うはずです。

こんな人にオススメ

- 日本神話に興味がある人。
- 清らかな滝のエネルギーに浄化されたい人。
- ネガティブな感情が溜まっている人。

緒のりこ（いとう・のりこ）

[illegible]

デザイン＊吉池あおり
イラスト＊ヤポナまきり
写真＊Chapter 5／緒のりこ　Chapter 6／ピクスタ
編集協力＊赤堀淳子
DTP＊株式会社キャップス
校正＊玄冬書林

揺らいでも、不安《ふあん》でも、口角《こうかく》を上《あ》げれば大丈夫《だいじょうぶ》

2021年3月1日 第1刷発行
2021年3月1日 第2刷発行

著　者　緒のりこ
発行者　吉田芳史
印刷所　図書印刷株式会社
製本所　図書印刷株式会社
発行所　株式会社日本文芸社
〒135-0001 東京都江東区毛利2-10-18 OCMビル
TEL 03-5638-1660（代表）

Printed in Japan　112210119-112210225Ⓝ02（310062）
ISBN978-4-537-21867-1

編集担当：上原